高校辅导员工作案例分析理论与实践

李 岩◎著

郑州大学出版社

图书在版编目(CIP)数据

高校辅导员工作案例分析理论与实践 / 李岩著. -- 郑州 : 郑州大学出版社, 2024.5

ISBN 978-7-5773-0301-7

Ⅰ.①高… Ⅱ.①李… Ⅲ.①高等学校 - 辅导员 - 工作 - 案例 Ⅳ.①G645.1

中国国家版本馆 CIP 数据核字(2024)第 076588 号

高校辅导员工作案例分析理论与实践

GAOXIAO FUDAOYUAN GONGZUO ANLI FENXI LILUN YU SHIJIAN

策划编辑	吴　昊	封面设计	王　微
责任编辑	胥丽光　马云飞	版式设计	苏永生
责任校对	郜　毅	责任监制	李瑞卿

出版发行	郑州大学出版社	地　　址	郑州市大学路 40 号(450052)
出 版 人	孙保营	网　　址	http://www.zzup.cn
经　　销	全国新华书店	发行电话	0371-66966070
印　　刷	廊坊市印艺阁数字科技有限公司		
开　　本	710 mm×1 010 mm　1 / 16		
印　　张	12	字　　数	186 千字
版　　次	2024 年 5 月第 1 版	印　　次	2024 年 5 月第 1 次印刷

书　　号	ISBN 978-7-5773-0301-7	定　　价	68.00 元

作者简介

李岩，女，汉族，1981 年 4 月生，中共党员，副教授。2006 年 6 月毕业于大连理工大学，获硕士学位。2006 年 7 月至今担任专职辅导员，累计担任 1600 名学生的班主任，心理咨询师、创业指导师、BCC 生涯教练。以第一作者身份发表思想政治教育类论文 15 篇，撰写学术专著 1 部，编著著作 1 本，作为主持人承担并完成省级课题1 项、厅级课题 1 项、校级课题 1 项。曾获第十三届全国大学生节能减排社会实践与科技竞赛三等奖、山东省高校优秀辅导员、第十七届“挑战杯”山东省大学生课外学术科技作品竞赛优秀指导教师、第十二届“挑战杯”山东省大学生创业计划竞赛优秀指导教师、山东省社会实践优秀指导教师、聊城大学十佳辅导员、新时代聊城大学向上向善好青年等省级、校级以上荣誉60 余项。指导 3 个班级获山东省先进班集体荣誉称号、聊城大学先进班集体标兵荣誉称号。指导多名学生获中国自强之星、山东省向上向善好青年等荣誉称号。

前言

思想政治教育是伴随着国际共产主义运动的发生、发展,以及无产阶级政党的创立逐步形成和发展起来的,是马克思主义与工人运动相结合的产物。以马克思主义为指导的思想政治教育一产生,就成为无产阶级及其政党动员、组织人民群众推翻剥削制度,建立社会主义制度的有力武器。一百多年来的国际共产主义运动的实践证明,正是因为无产阶级政党充分运用了思想政治教育这个有力武器,社会主义才由理论变为现实,社会主义革命才能由一国胜利到多国胜利。而如果忽视、削弱甚至取消以马克思主义为指导的思想政治教育,国际共产主义运动就会遭受挫折。中国社会主义革命是国际共产主义运动的一个组成部分。百年中国社会主义革命、建设和改革的实践证明,以马克思主义为指导的思想政治教育在党的事业中居于极其重要的地位,是党的工作的一条重要战线,发挥着巨大作用。

重视思想政治教育的地位,发挥思想政治教育的作用,是中国共产党和我国社会的优良传统和政治优势。在革命、建设、改革各个历史时期,我们党对思想政治教育都进行了系统、深刻的论述和明确的定位。早在中国共产党创立之初,就十分重视思想政治教育。1929 年,毛泽东在古田会议决议中指出,“红军党内最迫切的问题,要算是教育的问题,”要“从教育上提高党内的政治水平”。古田会议形成了党内教育的第一个纲领性文件,会议阐述的党内教育思想,对早期党的思想政治教育产生了重大影响。2016 年,习近平在全国高校思想政治工作会议上强调:“做好高校思想政治工作,要因事而化、因时而进、因势而新。要遵循思想政治工作规律,遵循教书育人规律,遵循学生成长规律,不断提高工作能力和水平。”高校辅导员是开展大学生思想政治教育的骨干力量,是高校大学生日常思想政治教育和管理工作的组织者、实施者、指导者,在日常学生工作中要围绕学生、关照学生、服务学生,把握学生成长规律,不断提高学生思想水平、政治觉悟、道德品质、文化素养,坚定他们的理想信念。辅导员队伍理论基础扎实、专业素养全面、职业能力过硬,是高校完成立德树人根本任务、培养德智体美全面发展的社会主义建设者和接班人的重要保障。

思想政治教育目标的实现及效果的保证,离不开科学方法论的指导,离不开方法的正确应用。现代思想政治教育,面临着与以往完全不同的时代背景与条件,面对着大学生已经深刻改变的思想活动特点与思想道德实际,唯有在科学理论的指导下,坚持与时俱进,坚持方法及方法论的创新发展,才能始终保持生机和活力,发挥出应有的功能,充分实现其价值。辅导员工作要想取得实效,取得突出的育人成果,就必须与时俱进,不断掌握科学的思想政治教育方法。而科学的思想政治教育方法的前提是辅导员要把工作做成一门学问,以研究的态度和行为,来总结、分析、归纳、提炼实践工作的成果,既成为工作的实践者,又成为工作的研究者。

实践证明,案例研究具有很强的实用性和适用价值,实现了理论与实践的有效衔接、紧密结合,符合辅导员工作兼具实操性与研究性的特点。“案例”具有矛盾的特殊性,通过案例研究可发现问题的普遍性规律,是提高辅导员研究能力和科研水平的切实可行而又行之有效的方法,它隶属思想政治教育的具体方法范畴,具有可操作性、有效性和借鉴性的突出特征,既可以敦促辅导员不断反思日常工作实践,学习理论知识,提升研究能力,又可以为其他辅导员的工作实践提供启发和借鉴。案例研究的目的正是以大学生发展过程中的问题为导向，用案例记录大学生思想行为的变化，分析思想行为问题，提出问题处理方法，做到因人制宜、因事制宜、因材施教。辅导员工作案例研究是辅导员开展工作研究的重要方法，也是促进辅导员职业化、专业化发展的重要途径。

开展辅导员工作案例研究，有助于辅导员探索大学生成长成才规律及思想政治教育规律，创新思想政治教育方法，提高思想政治教育质量，实现高校立德树人的根本任务；开展辅导员工作案例研究，也能够帮助辅导员不断提升科研能力和职业素养，推动辅导员向专业化、职业化发展。《高校辅导员工作案例分析理论与实践》一书聚焦高校辅导员工作实践中遇到的普遍性问题，通过工作案例分析，挖掘问题本质，提出解决策略，探索总结工作方法和规律。

本书的案例选自辅导员在实际工作中发生的真实事件，源自辅导员工作实践中日常积累的大量案例。在案例的选择中，坚持问题导向，聚焦辅导员实际工作中的热点、难点问题，力求科学归纳总结问题处理的基本方法和技巧，总结辅导员工作的一般性规律，探索高校辅导员工作和研究的普泛式准则与理论范式，以此给高校辅导员提供解决问题的思路，凝练研究方向，提升高校辅导员的工作质量和水平。本书基于对实践工作的反思和改进，从一个新的视角对辅导员工作理论进行了有益的探索，但是，研究还有很多局限和不足之处，尚需进一步推敲、精确和完善，希望广大同仁进一步批评指正。

李　岩

2024 年 2 月

目录

第一章 绪论

第一节　高校辅导员工作案例概述

一、学生工作案例的含义及分类

学生工作案例是对运用思想政治教育等相关学科的原理、方法、策略解决学生在成长发展过程中某些疑难问题的学生工作情境案例的描述。案例中渗透学生工作理念，展现在学生工作理论、方法指导下解决问题的方法与策略。按照学生工作的内容分类，可分为学生思想政治教育、学生心理健康教育、学生日常管理、学生资助、学生就业创业指导、学生班集体建设、党团活动和校园文化活动组织等类型案例。

二、优秀学生工作案例的要素

优秀的学生工作案例生动形象，文字简练优美，层层递进，有说服力，能引起读者的兴趣，激发读者的情感，引发读者的思考，可提供一套可借鉴、易操作的处理问题的方式方法。一般优秀的工作案例包含以下几种要素，即案例主题、案例背景、问题事件、解决思路、实施措施、实施效果、经验启示等。

1. 案例主题

案例主题是案例所要反映的核心理念和观点。

2. 案例背景

案例背景是案例发生的环境和条件,也称背景资料。案例背景要展示案例发生的时间、地点、任务、事情的起因、相关情况等,在案例背景中要着重说明案例发生的特殊原因或者条件。

3. 问题事件

问题事件是通过对原始材料进行筛选,然后提出问题,对案例的产生、解决过程中环境、人物活动的描述,有针对性地交代特定的内容。案例问题事件是案例反映主题所包含的各种问题的事件。

4. 解决思路

提出有针对性的解决问题的思路、方法、意见。解决思路是对问题关键点的展开描述,也是具体措施的总体纲领。解决思路应该由数条性质和角度不同的“路径”构成,“路径”可以是并行关系,也可以是递进关系。

5. 实施措施

实施措施是案例分析过程中占据比重最大的部分,也最能体现辅导员日常工作中对实际工作方法的思考和积累程度。实施措施应紧密围绕提出的解决思路,充分结合案例实际特点,精准提出并阐述有针对性、可操作性、有效果的问题解决办法。

6. 实施效果

实施效果是对案例的解决实效进行说明。实施效果可以从教育者(辅导员)、教育对象(学生个体和群体)、教育环境(学校、班级、社会等)、工作措施(教育模式、创新项目等)、社会支持系统(校企合作、家校育人)等方面进行说明和分析。

7. 经验启示

经验启示是对工作案例本质的深层次总结和升华,经验启示体现了辅导员工作理念的深度和广度。经验启示可以从组织层面(学校、学院、班级)、队伍层面(学生群体、学生个体、辅导员队伍等)、教育载体、教育方式方法、育人平台等方面进行思考、总结、凝练。

三、工作案例分类

辅导员作为高校学生管理工作的实施者，必然要面对层出不穷、各式各样的工作案例。看似纷繁复杂、千头万绪的学生工作案例，经过总结和归纳，可以大致分为以下几类：

（1）思想政治教育类，主要包括理想信念教育问题、爱国主义教育问题、公民道德教育、网络思想政治教育问题等。

（2）党团和班级建设类，包括党团教育辅导问题、班级建设管理问题等方面。

（3）日常事务管理类，包括奖惩问题、生活辅导、宿舍管理、困难学生资助等方面。

（4）心理健康教育类，包括发展心理辅导和障碍性心理辅导等方面。

（5）校园危机事件类，包括群体突发事件、个体突发事件、网络舆情处理等方面。

（6）学风建设类，包括学习动力、学习态度和学习动机问题等方面。

（7）职业规划与就业创业指导类，包括职业生涯规划、就业指导、面试技巧、创业指导等方面。

第二节　学生工作案例分析思路

1. 思想教育类案例的分析思路

思想教育类的学生工作案例是指辅导员在社会主义核心价值观的指导下，教育引导学生树立正确的世界观、人生观、价值观，培养科学的思想方法、实事求是的态度、勇于实践的精神以及良好的道德品质的学生工作事例。这类案例主要包括大学生思想成长教育、文明行为、党建工作、团建工作、网络育人、少数民族学生教育、诚信教育、感恩教育等。分析思想教育类学生工作案例时，主要把握四个方面：

(1)“问题在成长”。这类案例大多数是学生成长中的烦恼,每个学生个体都会或多或少地遇到这类问题,也是个普遍性的问题。

(2)“关键在沟通”。辅导员要通过多形式、多层次的沟通交流,第一时间发现问题,第一时间谈心谈话,化解学生心中的矛盾冲突。辅导员要畅通信息反馈渠道,及时得到学生的思想状况变化,以便及时处置。

(3)“重点在教育”。通过有效的教育手段和载体,开展思想政治教育工作,增强教育的针对性和实效性。

(4)“后期重机制”。通过发现问题和分析问题,辅导员要根据实际情况逐步建立长期有效的教育工作机制,避免类似情况再次发生。

2. 指导服务类案例的分析思路

指导服务类的学生工作案例是指大学生在成长成才过程中遇到的迷茫、困惑和问题,亟须辅导员引导、帮助和指点的学生工作事例。这类案例主要包含学业规划和指导、职业生涯规划、就业指导、创业教育与指导、入学教育、毕业教育、生命教育、学生干部成长、心理减压、重点学生群体关注等。面对指导服务类的学生工作案例,主要把握四个方面:

(1)“问题在迷茫”。这类案例的学生一般都会出现某种选择性迷茫,自身处于无奈、无助的状态,辅导员应该通过科学有效且真诚的指导,帮助学生走出迷茫。

(2)“关键在指导”。在这类案例中,辅导员不仅是一名忠实的倾听者,更是一名人生导师,学生最需要的是辅导员全面、合理、有效的指导。因此,辅导员应该通过较为清晰的思路和全面的分析给予学生必要的帮助。

(3)“重点在方法”。辅导员要充分运用思想政治教育理论和实践,帮助学生厘清思路,分析各种选择的利弊,有针对性地开展指导、引领工作。

(4)“成功在个人”。个人因素是成功的根本。在这类案例中,要牢记学生是主角、辅导员是辅助的工作理念,辅导员做到陪伴、参谋、鼓励、指导等,教育和引导学生主动成长。在辅导员的指导下,学生根据自身的特点,通过征询家长意见、听取朋友建议等方式,最终自己做出选择和决定,辅导员切勿给学生下结论、拿主意、贴标签。

3. 事务管理类的分析思路

事务管理类的学生工作案例是指辅导员通过非学术事务和课外活动施加教育影响，以规范、指导和服务学生，丰富学生校园生活，促进学生成长成才的组织活动。这类案例主要包括奖惩助贷、班级建设、宿舍管理、医疗及商业保险等内容。面对指导服务类的学生工作案例，主要把握四个方面：

(1)“问题在制度”。没有规矩，不成方圆。机制制度是事务管理服务的基本保障和基础。所以，这类案例产生的普遍原因是制度不健全、工作流程不规范、操作公开透明度不够，或者是学生不了解学校的相关规章制度和办事流程。

(2)“关键是公平”。辅导员、班主任、相关教师及学生干部在开展日常事务管理服务过程中，是否按章办事、操作规范、透明公开是这类案例处理的关键。

(3)“重点在公正”。辅导员能够依据已有的制度，客观公正地通过讲事实摆道理，让学生心服口服，从而化解问题。

(4)“成功在熟悉”。辅导员、相关教师以及广大学生通过学习深入了解、熟练掌握相关规章制度。新生进校后必须认真学习《学生手册》，特别是通过迎新群、入学主题班会、新生入学考试等途径，引导大学生从入学开始就熟悉学校相关规章制度，避免学生违规。

4. 突发个案类的分析思路

突发个案类的学生工作案例是指辅导员在工作中遇到的不可预测、不具普遍性的与学生工作有关的事例。这类案例的特点在于不确定性、紧急性，往往具有一定的危害性，处置对策也具有非常规性。这类案例常见的有学生突发伤害事故、打架斗殴、自杀、传销、罢餐、离校出走、偷窃、精神疾患突发、非法宗教组织、组织游行、网络煽动等。针对突发个案类学生工作案例，主要把握四个方面：

(1)“问题在突发”。这类案例基本具有不可预测性，可以采取一定的手段进行预防。

(2)“关键在速度”。一旦这类案例发生，及时处置就很关键。一般情况下，相关人员必须第一时间到达现场，第一时间确保生命安全，第一时间启动应急预案。

(3)“重点在预案”。所谓“有备”则“无患”,周全合理、行之有效的应急预案是学生工作的必备内容。没有完善的突发预案机制,会导致临场手忙脚乱,缺乏有效的联动响应,最终可能导致事件处置的失败。所以,在日常工作中不仅要进一步健全突发事件预案,更要加强预案的演练工作。

(4)“成功在处置”。这类案例做到有效、规范处置,可以将困难或损失降到最低程度,减少负面影响。

5. 心理辅导类的分析思路

心理辅导是辅导员日常工作的重点领域之一。此类案例是指学生在学业、人际、生活、情感等方面因为心理调适失衡所导致的学生工作事例。近年来,随着高校学生学习压力增大、就业竞争加剧、社会贫富差距拉大、价值多元化趋向等因素的共同作用,高校中受到心理困扰的学生比例出现上升的态势,由心理问题引发的极端案件时有发生。因此,作为辅导员,要特别重视和做好对心理辅导类学生工作案例的分析研判。此类案例主要包含新生适应、考试焦虑、学业压力、人际困扰、就业压力、网恋、强迫症、抑郁症、社交障碍等情况。

心理问题一般分为发展性心理问题和障碍性心理问题。面对心理辅导类学生工作案例,辅导员需要更加仔细研判该案例中当事人属于哪一类问题。案例当事人与自己一贯表现或跟大多数人的行为习惯发生较大差异,或者与当时情境发生相当大的差异,比如出现了幻觉、幻听、妄想、思维紊乱等现象,可以初步判断为障碍性心理问题。

所谓发展性心理问题,主要是指个体自身不能树立正确的自我认知,特别是对自我能力、自我素质方面的认知,其心理素质及心理潜能没有得到有效、全面的发展。发展性心理问题针对的是心理健康、身心发展正常的个体,但在发展方面仍有潜力可控,心理素质尚待完善。面对这类案例,主要把握四个方面:

(1)“问题在认知”。这类案例是由于当事人自负或缺乏自信、志向愿望过高或偏低、责任目标缺失等方面原因造成的。

(2)“关键在引导”。辅导员第一时间介入、引导学生。

(3)“重点在解困”。辅导员运用心理专业知识,帮助他们走出困境。

(4)“成功在关爱”。通过建立不同层面的关心关爱机制,营造良好的育人环境,关注个体学生面临的心理矛盾和冲突,问题就基本可控或可解决。

障碍性心理问题,也就是心理疾病。面对这类案例,主要把握四个方面:

(1)“问题在疾病”。情况发生后,辅导员应该尽快安排学生到正规专业的医疗机构治疗,高校内部是解决不了问题的,辅导员更加没法解决这类问题。

(2)“关键在早知”。虽然辅导员没法解决障碍性心理问题,但是可以通过我们的信息渠道,第一时间发现有障碍性心理问题的学生,为后面的有效治疗提供时间保证,不至于突发危机事件。

(3)“重点在统筹”。辅导员要整合各方的力量,一起来解决这类问题。比如,该案例发生后,辅导员把握不准,可以寻求学校心理咨询中心的力量来判断学生是否有心理疾病。然后,可以寻求专业医疗机构给予治疗。其间,如果出现当事人或当事人家长不认同当事人有心理疾病,或不配合到医院治疗的情况,需要辅导员调动各方面的资源和力量合力解决问题。

(4)“成功在治疗”。障碍性心理问题主要是通过药物治疗,等到病情基本控制,返校后要密切关注,及时关怀。

第二章 思想政治教育类案例分析

第一节 信息化技术在疫情精准防控中的应用

一、案例简述

2020年年初，席卷全国的新冠疫情突如其来，带来了紧张、焦虑和不安。高校是疫情防控的重点部门之一，高校学生数量多，分布广，疫情防控工作存在挑战。寒假期间，学生分布于五湖四海，高校疫情防控工作的重点是利用互联网等信息化技术对大学生进行远程教育与管理。首先，辅导员自身要提高政治站位，深刻认识做好疫情防控的重要性和紧迫性，将思想统一到党中央的决策部署上，时刻将学生的生命安全和身体健康放在第一位，将疫情防控工作作为当下最重要的工作，打赢疫情防控阻击战。其次，根据学校党委部署和要求，结合实际情况，科学制订疫情防控方案和实施措施，做到及时行动、精准预防、尽早筹划、准确指导。最后，准确、及时掌握学生信息，确定重点，点面结合，对学生以及家长开展好宣传教育，引导学生及家长配合做好疫情防控。

二、解决思路

1. 统一站位,加强引导

疫情防控形势严峻、复杂,辅导员应充分利用信息化技术,将党中央的部署和要求传递和解读给每位同学,实现全体学生思想统一、步调一致。同时,做到信息的及时传达,努力实现通知信息全覆盖、无遗漏,保证每一个学生在家也能够及时了解学校和学院在疫情防控期间的工作部署、工作安排和工作要求。通过微信、QQ 等即时通信工具时刻同学生保持联系,把疫情的严峻形势通报给学生,宣传疫情防治和健康生活知识,对学生居家学习进行督促和指导。

2. 全面排查,确定重点

在确定未有留校学生之后,学院对全体离校学生进行排查,确定防疫重点,关注学生。首先要排查是否有湖北籍尤其是武汉籍的生源,对该地生源进行特别关注。其次,对确诊、疑似、发热、武汉(湖北)人员接触史等特殊情况的学生进行排查,确定重点关注的学生。最后,及时了解学生的健康、居住地等情况,对学生健康上报和居家隔离进行督促和指导。提醒学生每日上报健康信息、现居住地信息。尤其是在疫情防控期间,为避免感染,学校明令禁止学生无故返校。通过上报居住地信息,督促学生居家隔离,切勿返校。

3. 精准分析,科学防控

为做好开学准备,学院要充分了解学生返校时生源的分布情况、学生返校的交通方式,为学生安全顺利返校做好防控预案,从而在学生返校前、返校中和返校后对学生进行正确指导。

三、实施方法

1. 互联网技术助力各关键阶段宣传教育

利用企业微信等直播平台分阶段、分节点定期召开全体学生、学生干部的线上会议。疫情初，线上会议主题涵盖正确认识疫情、线上心理疏导等内容，帮助同学们充分认识疫情的严峻形势，积极配合学校、学院开展的疫情防控工作，同时，帮助同学们克服疫情突发面临的心理恐慌。在疫情防控的整个过程中，班会主题主要涵盖居家学习指导、健康生活指导、疫情防控参与等内容，指导学生科学规划时间、健康生活，在家开展“停课不停学”以及在保护自身安全的前提下积极参与疫情防控志愿活动等内容。在疫情防控的同时，充分利用疫情防控期间涌现的新闻热点、感人事迹和榜样人物，对大学生开展爱国主义教育、社会责任感教育、信息素养教育和科学精神教育等主题教育活动。

2.“通知推送系统”确保传达信息全覆盖

疫情初期，我们依托微信简道云技术迅速开发并启用了“通知推送系统”。通过该系统，疫情教育提醒和心理防范知识等防控信息可以一键实时向全体学生发送，学生只要安装微信就可以实时接收到学院下发的通知和信息，避免了信息传达的中转和遗漏，确保了通知和信息传达全覆盖、高时效。

3.“学生健康状况反馈系统”实现信息上报及时准确

为实时监测疫情，我们依托微信简道云技术开发了“学生健康状况反馈系统”。该系统将传统宿舍—班级—班主任—学院报送模式升级为学生直达学院各层级的扁平化网络报送模式，将各层级管理人员由收取信息角色转变为监督反馈角色，杜绝各类人为因素导致的信息延迟和瞒报、漏报、误报。系统具有健康状况和学生位置异常预警自动反馈功能，可以实现高效、精准、科学防控。学生通过系统绑定的微信号和手机号直接进行信息填报，确保信息来源真实可靠，学生填报同时提交实时位置，信息收集方便、准确，数据汇总快捷、明了。教师在系统界面可以一目了然地看到学生填报的健康情况和上报人数等各项动态信息，实现信息无缝隙内部共享和查阅。

4.“学生返校情况统计系统”保障学生返校时的科学防控

疫情即将结束时，学生在返校前、返校中和返校后如何科学有效防控疫情，是教育与管理面临的头等大事。为精准掌握学生的居住地分布、返校地分布、返校交通方式等信息，降低返校过程中的疫情传播风险，我们开发了

"学生返校情况统计系统",系统可以实现数据绝对真实准确、一键快捷导出分地市、分年级数据分析报表并确保100%零失误,极大提升了报送数据的精准度和便捷度,为精准研判学生返校情况,开展学院重点教育和精准指导提供了数据决策依据。

四、实施效果

1. 教育管理,效果明显

疫情防控期间,学生思想稳定,积极向上,能够积极配合和参与学校、当地防控防疫工作,其中,学院10余名同学自愿参加了居住所在地的防疫志愿服务活动,有两位同学表现突出,收到校外两个单位的致谢信函。

2. 信息传递,高效快捷

自疫情发生以来,通过系统累计向全体学生发送疫情教育提醒12次,阅读量达16 000余人次。

3. 精准排查,防范风险

疫情初期,精准排查疑似病例接触者等重点防控对象19名,并对其全部进行了跟踪关注,于14天后全部解除风险。

4. 信息反馈,科学全面

为防范松懈的情绪和行为,系统添加了健康状况和学生位置异常预警自动反馈功能。累计收到各类数据数万条,安全预警提醒数十次,实现了安全教育覆盖100%,学生健康状态反馈100%,预警提醒跟进关心关爱100%。

五、经验启示

疫情是一次大考,经此一役,更加凸显了推进高校治理体系和治理能力现代化的紧迫性和重要性。"凡益之道,与时偕行。"高校辅导员要结合新形势,加强意识,提升素养。

1. 教育管理与治理要"意识强"

首先,辅导员要加强"四个意识",具有高度的政治站位,切实把思想统一到党中央重大决策部署上来。其次,牢固树立"以生为本"意识,对待学生在感情上贴近,在思想上尊重,在作风上深入,在工作上依靠,在生活上关心,获得学生的认可和支持。最后,树立"三因"意识,即在开展思想政治工作时要因事而化、因时而进、因势而新,紧密结合时事热点开展育人工作。

2. 教育管理与治理要"素养深"

(1)加强参与信息化建设的主体意识。辅导员要重视互联网、用好互联网,将信息化建设有效地运用到教育与管理过程中。既要对已有的信息化平台和资源进行充分利用,也要根据学生的特点和个性化需求来创造性地推进信息化建设,使学生工作信息化朝易用性、平台性和拓展性方向发展。

(2)要努力提升自身的大数据素养。大数据是信息化发展的新阶段,高校辅导员要将提升自身的大数据素养作为基本要求,以利用和发展大数据来提高思想政治工作的实效性。通过对大数据的获取、分析和利用,有效地对学生思想和行为进行判断和预测。

第二节　正确引领个别偏离政治航向的大学生

一、案例简述

在一次思想教育活动中,辅导员正在讲解近代中国社会的半殖民地半封建性质,提出在新中国成立以前,压在中国人民头上有三座大山:封建主义、帝国主义和官僚资本主义。大一的学生小孟提出异议说,"老师,帝国主义和官僚资本主义不是压在中国人头上的大山,相对于封建主义,其实是一种进步,有利于中国社会的发展。"在场的个别同学,也在点头附和。作为辅导员,该如何应对?

二、解决思路

从这个案例中,可以看出部分大学生的社会主义政治观模糊。首先,伴随经济全球化的发展,意识形态领域的斗争,资本主义价值观的渗透在一定程度上干扰和破坏了大学生对社会主义的信仰和认同。其次,在开放的市场经济条件下,多元的价值观念侵袭校园,对大学生的社会主义政治观产生一定的负面影响。最后,在建设中国特色社会主义现代化的过程中,一些负面效应和不稳定因素的出现,导致大学生的政治心理不够成熟和坚定。作为辅导员,应该注重发掘学生树立正确政治信仰的需求,完善学生主体内化机制,引导学生把政治信仰转化为自身的人格品质,另外,应该构建社会实践机制,引导学生政治参与内外化和固化自身的政治信仰。

三、实施方法

(1)第一时间同小孟谈心谈话,在进一步倾听学生想法的前提下,引导他充分认识到,在世界多元化价值文化冲击情况下,大学生价值观构建失去了方向,出现了价值混乱和价值虚无的复杂局面;引导学生用马克思主义基本原理、立场和方法来正确把握错综复杂的社会现象下的本质,认识社会发展规律,提高辨别真假、是非、雅俗价值现象的能力。

(2)侧面了解小孟是否存在被敌对势力利用的可能性,提醒同学们提高警惕,不被别有用心的人利用。充分了解学生的想法,帮助学生树立正确的世界观、人生观和价值观。

(3)充分发挥宿舍、班级、年级、学院以及学生社团等力量,通过丰富多彩的活动、思想交流会、座谈会等各种途径加强对小孟的核心价值观教育。

(4)用核心价值观指导学生,开展切合学生年龄、思想和心理特点的党课、团课以及第二课堂活动,用中国共产党百年党史教育学生,引导学生正确认识中国近代史,激发学生树立崇高的理想。

(5)抢占网络思想高地,充分利用互联网技术,将思想政治教育有机融合到学生的日常生活和思想中。

(6)通过组织专题形势和政策报告会等活动,做到全方位育人、全过程育人、全员育人,增强思想政治育人合力,通过各个环节的管理、教育和行为等,潜移默化地引导学生构建正确、积极、健康的价值观、人生观和世界观。

四、实施效果

小孟充分认识到思想的片面,更加坚定自身的理想信念。

五、经验启示

加强大学生思想政治教育不仅关乎学生素质发展,更关系民族发展大计,作为高校辅导员,要从以下六个方面下功夫:

1. 构建党建引领体系,在组织建设、队伍建设上下功夫

要坚持党委全面领导,强化组织建设,形成学校、学院、教师“三线联动”工作机制。突出“政治、能力、基层”三个导向,加强队伍建设,着力加强党政干部队伍、党务工作队伍等思政队伍的专业化、职业化建设。

2. 提升思想铸魂体系,在顶层设计、具体实施上下功夫

以培育和践行社会主义核心价值观为主线,加强党史、国史、改革开放史、社会主义发展史教育,加强思想道德建设,加强爱国主义、集体主义、社会主义教育,通过“两会一课”“青年大学习大讨论”等,落实学习时间、学习内容、学习方式、学习效果,督促检查,厚植爱国情怀,突出价值引领,提高政治素养。要不断强化理论武装,精心做好内容策划、选题设置、活动嵌入,运用体系式学习、可视化呈现、融合式讨论、互动化传播等手段,用党的创新理论成果筑牢学生共圆中国梦的思想根基和信念之魂,始终让校园成为学习习近平新时代中国特色社会主义思想的重要平台与强大“磁场”。要在分析学生群体特征、学习表现、实际需求的基础上,通过加强顶层设计,主动思考、提前谋划、深入研究,全面统筹各领域、各环节、各方面的资源和力量,加强体制机制、队伍建设、条件保障等方面的系统设计,定期分析高校学生思想政治工作领域情况,研究解决重大问题,协调推进重点任务落实。

3. 筑牢理论固本体系,在思政课程、课程思政上下功夫

要深入推动新思想、新理论、新精神系统进教材、生动进课堂、扎实进头脑。要将学生生活园区打造成为集学生思想教育、师生交流、文化活动、生活服务于一体的思想政治教育重要阵地,实现理论固本、教育联动的“零距离”。

4. 做实文化浸润体系,在丰富内涵、创建品牌上下功夫

要传颂民族精神,注重培育学生在中华优秀传统文化的沃土中滋养“家国情怀”,在增强中华优秀传统文化自信中筑“根”。要传承红色基因,用革命的激情和干劲来培养更多中国特色社会主义的优秀建设者和接班人,在增强对革命文化的自信中补“钙”。要传播科学理论,多措并举,把中国特色、中国风格、中国气派的社会主义先进文化融入校园文化建设,用文化浸润心灵,在增强对先进文化的自信中树“魂”。要着力加大品牌创建活动,丰富内容、提升品位,着力把中华优秀传统文化有机融入大学精神和人才培养各环节,以文化人、以文育人、以文培元,增强中国特色社会主义文化自信。

5. 完善媒体创新体系,在搭建平台、服务学生上下功夫

要大力整合现有资源,充分发挥学校主流媒体作用,把学校官方微信、微博、网站、校报、广播站等打造成为全覆盖、立体式、一体化宣传平台,提升校园新媒体网络平台的服务力、吸引力和黏合度,不断提升校园主流舆论的传播力、引导力、影响力、公信力。要抓住重要时间节点,发挥网络阵地的示范性、引领性和辐射度,重点建设一批思政类公众号,发挥新媒体平台对思政工作的促进作用,做到“学生在哪里,思想引领就在哪里;舆论在哪里,正面引导就在哪里”,牢牢把握舆论领导权、主动权和主导权,让新媒体成为构筑学生共有精神家园、铸牢中华民族共同体意识的最大增量。要引导师生积极创作导向正确、内容生动、形式多样的网络文化产品。要切实把握好时度效,建立健全有效的责任落实机制和舆情处置机制。对突发事件,争取第一时间的主动,做到第一时间发现、第一时间处置、第一时间化解。

6. 重视实践锻炼体系,在统筹整合、取得实效上下功夫

要以教育引导实践、以实践深化教育。抓好社会实践进学校、进农村、

进社区,深入民族地区、革命老区和基层一线,积极开展义务支教、科技普及等主题实践活动,增强大学生的为民情怀,深化其专业素养,引导学生全面客观地认识党情国情社情民情,增强“四个自信”。要以“体育教育”“美育教育”“劳动教育”的实施为抓手,把思想政治教育融入社会实践、志愿服务、实习实训等活动中,创办形式多样的“行走课堂”,积极拓展第二课堂育人功能,拓展课程思政渠道,着力加大实践育人力度效果,有效提升学生创新活力。要健全志愿服务体系,深入开展具有高校自身特色的品牌创建活动,推动构建政府、社会、学校协同联动的“实践育人共同体”。

第三节 突发疫情下如何开展思想政治教育

一、案例简述

2020 年初,新型冠状病毒疫情暴发后,学校上下高度重视疫情防控工作,积极响应党中央、教育部号召,贯彻落实疫情防控工作要求,科学引导全体师生开展疫情防控工作,带领广大师生团结一致、坚定信心,为坚决打赢疫情防控的人民战争、总体战、阻击战贡献力量。作为大学生思想政治教育一线的辅导员,始终坚守在抗击疫情第一线,面对艰巨繁重的疫情防控任务和情况复杂的工作对象,日以继夜,高强度严防死守,筑牢疫情防线。

二、解决思路

1. 密切关注,掌握学生实时动态

因为疫情学生只能待在家中,辅导员每天要通过电话、短信、微信、QQ等形式及时与学生家长、班干部、学生本人取得联系,密切关注学生的动态,全面掌握学生健康状况。

2. 普及知识，加强防疫教育

辅导员要积极做好党和国家防疫理论政策的宣讲者、传播者。要通过互联网上各种渠道，加强对学生及其家庭成员的防疫教育。

3. 树立信心，开展心理辅导

在日益严峻的疫情面前，学生们不仅面对着来自病毒的挑战，还面对着自身心理的重大挑战。辅导员要加强对学生的心理关怀和辅导，帮助学生正视疫情，调节好自身情绪，用乐观的态度为抗击疫情做出自己的努力，树立信心。

4. 心存敬畏，做好学生舆论监督

要引导学生，相信科学，不传播谣言，不人为制造恐慌。同时，要时刻关注学生的舆论动态，做好教育和引导。

三、实施方法

1. 掌握学生及家人的健康状态

通过每日上报、信息统计和数据分析，详细掌握所带学生是否出现发热、干咳、乏力、鼻塞、流涕、呼吸困难等症状，尤其是对疫情发源地学生更要密切关注，一旦学生本人或其密切接触家属出现症状要及时科学安全就医，要戴上口罩、做好防护，立即就近到本辖区发热门诊就医。结合互联网技术以及每日上报，实时统计学生们假期行程安排以及预计返校时间，减少不必要的出行，在疫情严重及部分地区客运车辆停运的情况下，无特殊情况不得提前返校。在家做好复习，开学时间及补考时间是否推迟需要等待学校进一步通知，并做好安抚工作。

2. 召开线上主题班会、线上座谈会等，加强学生的防疫知识教育

首先，辅导员要密切关注疫情发展情况，密切关注政府官方动态及消息，做到及时为学生传送准确信息，让学生第一时间掌握官方正确信息。其次，保持信息畅通，通过使用现代通信工具和通信技术，加强对学生及其家庭成员做好个人防护的关心和指导，帮助学生养成和保持良好的卫生习惯，出门戴口罩，勤洗手，常通风，不随地吐痰，不乱扔垃圾。再次，要向学生明确强调非必要不出门的重要性，有事通过电话或网络新媒体解决。此外，要指导学生做好居家防护，保持良好睡眠，多饮水，饮食清淡，营养均衡，定期开展居家锻炼，通过一定形式的运动来增强身体抵抗力，提高自身免疫力，为防范新型冠状病毒提供身体保障。最后，要教育和指导学生主动配合排查，确保家庭成员的健康和谐。

3. 掌握学生心理动态和思想情况，做好心理疏导

辅导员要帮助学生认识到在疫情面前，焦虑和恐惧都是人之常情，适当的应激有助于提升警惕从而更好地应对疫情。要保持良好心态，稳定情绪，坚定信心，坚信我们一定能够打赢这场疫情防控战。辅导员要指导学生合理查阅相关信息，不要无限制、大规模接受负面消息，引起过度的应激反应。辅导员要教育和引导学生不传递恐慌，不要让负面认知对自身进行心理暗示，要明确自己如何做好预防，了解自己能够为抗击疫情做些什么，用理性的态度面对外界复杂的信息。辅导员要积极建立校级、院级心理咨询热线，方便学生利用网络新媒体和电话进行心理咨询。

4. 掌握新媒体传播规律，提高网络素养

由于学生隔离在家，信息传播主要依靠网络，辅导员要积极引导学生提高网络素养。辅导员要帮助学生提高对谣言的分辨能力。由于全国上下高度关注疫情动态，互联网上各类信息鱼龙混杂，有些是网友不明情况的无心之为，也有一些是别有用心的恶意之举，这些谣言的杀伤力不亚于疫情本身。辅导员要时刻关注学生的网络动态并及时进行辟谣。要在学生群中对于一些虚假造谣新闻进行辟谣宣传，并由班长、团支书等班级干部转发到各班级群，避免引起学生的恐慌心理。

四、实施成效

1. 学生的理想信念更加坚定

通过开展疫情下的思想政治教育，广大青年学子听党话、跟党走的决心更加坚定，获得感、满意度、自信心稳步提升，爱国情、强国志、报国行更加彰显，凝聚起为中国梦矢志奋斗的青春力量。

2. 学生的思想动态平稳

学生的思想和心理没有出现剧烈波动，能够正确地面对疫情，全力配合党、配合当地、配合学校战胜疫情。

3. 学生严格遵守校纪校规

通过开展细致和耐心、全面的思想政治教育工作，未发现学生违背疫情防控要求提前返校，学生都能够安心在家生活，在线开展学习活动。

五、经验启示

《普通高等学校辅导员队伍建设规定》指出：辅导员是开展大学生思想政治教育的骨干力量，是高等学校学生日常思想政治教育和管理工作的组织者、实施者、指导者。面对疫情，辅导员作为学生成长成才的人生导师和健康生活的知心朋友角色地位愈发凸显，学生遇到思想、学业、心理、生活等方面困难时，第一个想到的人常常是辅导员。辅导员要在特殊时期积极开展大学生思想政治教育。

1. 开展好爱国主义教育

疫情防控阻击战打响以来，全国上下展现出了强大的动员力、凝聚力和执行力：党员干部"闻令而动"，医护人员"逆风而行"，普通百姓"居家战斗"，社会各界"慷慨解囊"，全社会凝聚起了国家有难、匹夫有责，众志成城、共克时艰的强大爱国力量。作为辅导员，我们可以挖掘梳理疫情防控过程中涌现出的先进典型、英雄人物和感人事迹，通过推送新闻视频、召开网络主题班会、精选典型案例等方式，向学生深刻讲述"一方有难、八方支援"的中国精神，"快速反应、分秒必争"的中国速度和"万众一心、众志成城"的中国力量，将广大青年学子凝聚到学习强国、科研报国、理性爱国上来，引导他们为打赢疫情防控的人民战争、总体战、阻击战贡献青春力量。

2. 开展好制度自信教育

疫情发生后，党中央针对不同地区疫情的严峻、复杂、多发态势"对症下药"，采取"一省包一市"等策略，调配人力、财力、物力不断驰援；各地也纷纷采取最严格、最全面、最及时的防控举措，将群防群控、联防联控做到了极致,中国特色社会主义制度优势得到有力彰显。作为辅导员,我们可以把疫情防控全国一盘棋、集中力量办大事的国家制度和治理体系优势,作为加强学生制度自信教育的生动案例和鲜活素材,引导学生深刻感受中国共产党的坚强领导、中国特色社会主义制度的显著优势,深刻感受制度优势引领之下,疫情形势出现的积极变化、防控工作取得的积极成效,引导学生真诚抒发对中国特色社会主义道路、理论、制度、文化的认同,不断增强跟党走的思想自觉、政治自觉和行动自觉。

3. **开展好社会责任教育**

疫情防控是一场人民战争,落实疫情防控责任,不仅仅是党员干部、医务人员的事情,它是每一位公民必须履行的社会责任。在《中华人民共和国传染病防治法》等法律法规中,它还是每一位公民必须履行的法定义务。每一位公民都应积极配合疫情防控工作,主动为国家分忧、与国家共渡难关。作为辅导员,我们应引导学生深刻认识到自身安全的背后,是无数人的默默付出和无私奉献,让学生感受到国家、社会和学校的温暖与关爱,感受到自身所肩负的社会责任与义务。我们还可以引导学生在各级党委和政府的领导下,与所在地基层干部群众一同做好自身防护、一同抗击疫情,力所能及地发挥自身优势,积极主动传播正能量,在这场没有硝烟的战争中,进一步提振战胜疫情的信心和勇气,进一步增强勇担民族复兴重任的责任感和使命感。

4. **开展好科学精神教育**

新型冠状病毒感染是一种新发传染疾病,疫情发生后,一些人传播"伪科学"信息,不仅误导了大众,也扰乱了抗击疫情的秩序。在疫情防控关键期,我们需要保持足够的清醒,以科学的思维审视疫情,以科学的防治应对疫情,以科学的方法决战疫情。作为辅导员,我们可以通过知识竞赛、接力承诺、艺术创作等方式,及时澄清谣传谬误,多方普及防疫知识,引导学生客观地认识疫情、科学地预防疫情、有效地防控疫情,积极了解疫情发生的原因背景、症状表现、鉴别方法、防护知识、治疗措施等。同时,鼓励学生加强体育锻炼,养成良好卫生生活习惯,增强自我防范意识和防护能力,为打赢疫情防控阻击战注入更多科学力量。

5. 开展好生命观念教育

这次疫情警示我们，生命虽然属于个体，但它也是社会的存在、自然的存在，对自己的生命负责，就是对他人生命负责，他人的生命安全和生命质量，也会影响我们的生命安全和生命质量。作为辅导员，我们可以将此次疫情危机，作为教育学生深度思考生命意义的契机，引导他们珍惜生命、敬畏生命、成就生命。一方面，我们可以聚焦自然生命的教育，依托本校生态、环境、生物等相关学科资源，向学生讲述人与自然和谐共处之道，增强学生生态文明意识和环境保护意识，引导学生尊重自然、敬畏自然、保护动物；另一方面，我们还可以聚焦更高层次的精神生命教育，以白衣天使、人民解放军、志愿者等“最美逆行者”的大爱精神、牺牲精神和奉献精神为生动教材，让学生在感动中感悟、在感悟中成长，引导学生正确理解生命的真谛，正确看待生命中最为宝贵的精神财富，进一步增强责任意识和担当精神。

6. 开展好规则意识教育

为阻止疫情扩散，各地采取了严格的网格化管理，这是应对疫情的必要之举。严格的管理措施给生活带来了不便，但战胜疫情要求每个人都要遵守防控规则，这既是对自己负责，也是对他人、对社会负责。作为辅导员，我们应教育学生严格遵守所在地政府规定，积极配合所在地疾控等部门工作，少出行、不聚会，出行戴口罩、进出量体温，真正做到顾全大局、遵纪守法、令行禁止、服从指挥。我们还可以结合典型警示案例，教育学生本着对自己负责、对他人负责、对社会负责的态度，坚决服从学校疫情防控工作安排，深刻理解延迟开学时间、每日报送个人疫情信息的重要性，做到“学校不通知绝不返校”“个人疫情事项绝不瞒报”，共同为早日打赢这场没有硝烟的战“疫”尽一份心、出一份力！

7. 开展好道德认同教育

大战即大考。这次疫情，不仅是对国家治理的大考，也是对社会道德的大考。面对疫情，一线医护人员的执着坚守、各条战线人员的无私奉献、一方有难八方支援的团结精神，防控中那些感人的瞬间、感人的故事、感人的身影，都是社会主义道德观的生动彰显，都是社会主义核心价值观的鲜活呈现。所有这些，体现了全党全军全国各族人民团结奋战的共识，拧紧了众志成城的精神纽带，汇起了战“疫”必胜的洪荒伟力。作为辅导员，我们可以结合《新时代公民道德建设实施纲要》，以基本道德规范为基础，引导学生在全民战“疫”中强化道德认同、遵守道德要求、规范道德行为，弘扬崇德向善、自强不息、扶危济困等优秀传统美德。我们还可以结合公布的确诊病例发病过程追溯分析，引导学生在疫情面前保持清醒、消除侥幸，分清是非、做好防护，增强“人人都是参与者，人人都是战斗员”的意识，以自身实际行动，在战“疫”中自觉践行社会主义核心价值观。

8. 开展好网络素养教育

疫情发生以后，各种网络信息铺天盖地、良莠不齐，人们对新冠病毒的来源、传播、防控、救治等保持着高度关注，网络搜索、朋友圈分享、微博讨论、社区回答等关于疫情的讨论已覆盖全网。作为辅导员，我们应加强学生网络素养教育，及时转发权威消息，认真听取学生建议，积极回应学生关切，着力稳定学生情绪，增强学生信心，教育引导学生不造谣、不信谣、不传谣。我们还可以积极搭建班级、党团支部、学生组织等多层面的在线交流沟通平台，依靠学生党员、学生骨干开展丰富多彩的网上自我教育，支持学生寻找和宣传身边抗疫最美的人、最美的事，引导学生集思广益、正面发声，共同汇聚起抗击疫情的网络正能量。

9. 开展好心理健康教育

疫情面前，每个人都不可能置身事外，都有可能出现不良情绪。特别是对于青年学生来说，由于缺乏阅历的积累和必要的心理准备，难免会产生一些心理问题，少数学生甚至会出现心理失衡、极度焦虑、过度恐慌等负面情绪，影响了正常的学习、生活。作为辅导员，我们可以通过 QQ、微信、心理热线、公众号等平台，“点对面”地传递特殊时期心理健康知识，帮助学生做好心理调适，培养理性平和的心态；“一对一”地解答学生具体心理问题，特别是对于身在疫区或被病毒感染的学生，更要主动联系，定期做好心理疏导，帮助他们消除焦虑恐慌，减轻心理压力。如果学生产生难以承受的恐惧、紧张、焦虑等情绪并感到痛苦时，应及时引导他们寻求专业援助。同时，我们应坚持人文关怀与心理疏导相结合，坚持解决思想问题与解决实际问题相结合，对于家庭经济困难学生、学业困难学生、就业困难学生等特殊群体，积极整合学校各方资源，加强与家长沟通交流，有针对性地帮助他们解决实际问题，提升我们的工作实效。

10. 开展好生涯规划教育

疫情之下，为保障师生的平安健康，各校均已延迟了开学时间。对于低年级学生来说，以往的线下教学模式难以开展，宅在家里“停课不停教、停课不停学”成为新学期特殊的“打开方式”。对于毕业生而言，面对经济下行压力加大和疫情叠加等多重因素影响，就业形势非常复杂严峻。作为辅导员，我们应按照“停课不停教、停课不停学”的要求，做好班级网络教学的统筹督促，提高学生“互联网+教育”下的学习适应能力；应引导学生积极利用这个“加长版”假期，查缺补漏、及时充电，规划人生、思考未来，为个人成长打下坚实基础。如果带的是毕业班，我们应引导学生做好职业生涯规划、就业能力准备和职场适应，积极推动毕业生和用人单位利用互联网进行对接，指导学生做好考研复试、调剂，公务员、选调生复习备考，参军入伍、支援西部，鼓励学生到基层去、到祖国需要的地方去，确保就业形势总体稳定。

第四节　高消费的贫困生的教育引导

一、案例简述

小徐是一名家庭经济困难学生，学习刻苦，在班级内成绩名列前茅。2021 年的一天，辅导员接到匿名举报短信，反映同班同学小徐获得国家助学金的资助，但是平时使用的是苹果品牌的最新型号手机，穿品牌运动鞋，背高档大品牌包包，而且，最近去做了昂贵的美甲。短信中提出质疑，认为小徐不符合贫困生身份。

二、解决思路

1. 了解情况,掌握真相

接到匿名举报短信,辅导员要第一时间做出调查,搞清楚事实的真相,采取正确的措施开展教育和引导。

2. 做出说明,及时告知

针对匿名举报短信,辅导员要有回应。通过详细了解,辅导员要把对学生的处理意见告知举报者。

3. 谈话引导,纠偏正航

辅导员要同当事人小徐进行谈心谈话,教育和引导小徐树立正确的消费观、价值观、人生观,鼓励小徐理性消费,将更多的时间和精力放在提升自身内在修养方面。

4. 加强诚信感恩教育,避免重蹈覆辙

辅导员要加强全体贫困学生诚信感恩教育,引导全体贫困生常怀感恩之心,努力用优异成绩去回报国家、回报社会。

三、实施方法

1. 查找证明材料,确定贫困生身份和资格

接到匿名举报短信,辅导员第一时间查找小徐申请贫困生的相关证明材料。材料上显示,小徐的父亲外出打零工,母亲没有工作,在家照料孩子,小徐家有多个兄弟姐妹,家中的经济来源主要依靠父亲,经济负担较重。小徐的贫困生证明材料上也加盖了民政部门的公章。辅导员联系了班级家庭经济困难学生评议小组的成员,再次考查小徐贫困生申请的流程是否规范。经过确认,小徐的贫困生认定过程没有问题,小徐确实属于家庭经济困难学生。

2. 约谈学生干部，侧面了解情况

辅导员联系了小徐的舍长、班长等，详细了解小徐的日常消费情况。据了解，小徐比较善于装扮自己，学习成绩优异，性格有些高傲，跟其他同学的人际关系一般。小徐的日常消费跟其他同学相差不多，但是手机确实是比较昂贵的苹果品牌，小徐宿舍里有几双鞋子和挎包是品牌产品，小徐在假期中也确实做了美甲。

3. 约谈学生，详细掌握情况

经过贫困生资格的确定以及相关情况的掌握，辅导员约谈小徐，详细询问小徐的日常消费情况。小徐说，自己的家庭经济情况有所好转，父亲的收入相对比较稳定。姐姐虽然也在上大学，但是利用课余时间打工赚钱，减少父母的经济负担。小徐利用暑假期间在当地培训班代课，一个假期有了5000余元的收入，加上上学期获得了奖助学金，自己基本上能够养活自己。使用的苹果手机是从姐姐同学那里购买的二手货，价值2000元，用自己打工的钱支付的。穿的运动鞋和所谓的“高档”挎包，是从网上或者同学处购买的冒牌品牌货，订单上一个挎包的价格显示28元。假期里，确实做了美甲，价格近300元，是由刚刚交往的男朋友支付的，男朋友也在其他大学读书。

4. 教育引导，培养感恩意识，树立正确消费观

辅导员对小徐进行了教育，引导小徐树立正确的消费观，合理规划和使用自己的助学奖金，将注意力由外在物质追求转移到内在自我提升上。辅导员尤其需要引导小徐要有感恩意识，用自己赚的奖助学金或者是打工收入回报父母，减轻家庭的经济负担，要用自己的行动回报国家和社会，今后为国家和社会积极做贡献。

5. 以点带面，加强学院贫困生诚信感恩教育

辅导员要开展形式多样的诚信感恩教育活动，引导学院贫困生能够客观、冷静、正确地审视自己的消费现状，树立积极、健康的消费观念，要合理支配和使用奖助学金。通过助学奖金评选和发放，开展诚信感恩教育，引导贫困生对父母、学校、社会和国家常怀感恩之心，将个人发展和国家社会发展充分结合起来。

四、实施效果

(1)学生的行为有了明显的改变,在吃、穿、用等方面消费更加理性,没有再出现过分追求奢侈品的情况。

(2)学院贫困生能够正确看待自身境遇,合理使用奖助学金,没有再次发生过度消费和浪费的行为。

五、经验启示

(一)感恩教育的重要作用

习近平总书记在全国高校思想政治工作会议上的重要讲话,科学回答了高校"培养什么样、怎样培养人和为谁培养人"的根本问题,要求高校思想政治工作围绕学生、关照学生、服务学生,把解决思想问题同解决实际问题结合起来,在关心人帮助人中教育人、引导人。这既是高校做好思想政治工作的重要内容,也是强化高校资助育人工作的有效途径。而感恩教育在一定意义上有利于这一任务的实现。

1. 感恩教育有利于丰富和完善资助育人工作的内容

高校资助育人的对象是大学生,高校家庭经济困难大学生的资助和教育管理工作既关系到大学生本人,也关系到其家庭,更关系到社会的和谐稳定。资助育人的目的,是引导经济困难大学生树立科学的世界观、人生观、价值观,培养高尚的人格品质和道德素养,着力提升经济困难大学生的自信心,提升其综合能力,磨炼其意志,塑造其良好品质。换句话讲,高校资助育人目的就是教会大学生如何做人,如何做一个对社会有价值的人。做人是一个人安身立命之根本,而感恩是做人的基本道德准则。

感恩教育与高校资助育人的工作的性质是相似的,它们都是教会学生如何做人,引导大学生积极向上和奋力拼搏。可以说,感恩教育是高校资助育人工作的重要组成部分,在大学生的思想政治教育中具有极其重要的地位。在大学生中开展感恩教育,有利于丰富和完善资助育人工作的内容。

2. 感恩教育有利于推动资助育人的实践创新

目前,高校重视将资助工作与育人工作有机结合起来,针对受助学生开展励志教育、诚信教育、社会责任感教育、能力提升培训等,组织开展诸如"模范引领计划""励志强能工程"等主题教育活动。从当前高校开展的教育活动来看,资助育人重在提升经济困难大学生的自信心和能力,但在感恩、反哺的意识培养方面仍明显缺乏。换句话说,高校资助育人的重心在于强调大学生如何从"受助"到"自助"的过程转变,但从"自助"到"助人"的转变仍有很大的推进空间,这也是资助育人最高层次的追求。系统性开展感恩教育则恰恰能够弥补这一缺陷,让大学生可以在一个相对宽松的氛围中提高感恩意识,学会反哺社会,真正实现从"受助"到"自助"到"助人"的转变。感恩教育将有利于推动高校资助育人实践创新,有利于夯实高校思想政治教育的整体水平。

(二)高校开展感恩教育的路径

1. 抓好日常教育活动,引导受助学生理解资助者的"大爱"

高校资助育人是一个系统工程,但首先是要全方位谋划教育活动,将感恩教育融入高校的日常教育工作中,引导受助学生理解资助者的"大爱"。这里所说的资助者,既包括党和政府、学校,也包括社会资助人士,还包括父母、亲人,等等。通过开展日常的感恩教育活动,使学生清楚了解到,为了确保不让一个学生因家庭经济困难而失学,党和国家高度重视教育经费投入,安排专项资金用于解决家庭经济困难大学生的学业问题,这体现了党和国家的"以人民为中心"的情怀;使学生清楚了解到,学校在党和国家的支持下,经费专项专用,建立"奖、勤、助、贷、补、免、减"七位一体的资助工作体系,确保资金用于解决贫困生的经济问题,这体现了学校"以学生为中心"的办学理念;使学生清楚了解到,社会各界积极响应党和政府的号召,无私奉献、慷慨解囊,为贫困生战胜困难、成长成才做出的不懈努力,体现了他们的人间大爱;使学生清楚了解到,父母、亲人为了学生的健康成长付出了艰辛努力,体现了深切的血脉相连之情;等等。通过这些感恩教育,目的就是让受助学生感受到,资助传递着国家的责任感和社会的公德心。只有使他们认识到,并且持之以恒地坚持和传递这一精神实质,才能塑造自我、影响他人、奉献社会,将来用实际行动回报社会、回报他人。

2. 优化资助育人的环境,在校园内营造良好的感恩氛围

感恩是中华民族的传统美德,是德育的一个重要组成部分。"鸦有反哺之义,羊有跪乳之恩""滴水之恩当涌泉相报""谁言寸草心,报得三春晖""吃水不忘打井人"……这些经典诗句都集中表现出人们对感恩的认同和崇尚。人有感恩之心,人与人、人与自然、人与社会才会变得更加和谐、更加亲切,我们自身也会因为这种感恩心理的存在而变得愉快和健康开朗。但感恩不是天生的,它来自生活,需要我们创设一定的感恩教育氛围,搭建适合大学生心理发展的平台,他们的心灵才会受到震撼,感恩教育才会成功。因为环境是无声的教育,只有在特定的环境中,大学生才能受到潜移默化的影响和教育。

首先,高校可以通过各类常规的媒介来开展文化传播,如通过微信公众号、网页、校园宣传栏等,宣传与感恩文化有关的内容。其次,也可以通过一些重要节日,如国庆节、教师节、清明节、重阳节、母亲节等,组织大学生特别是受助大学生在节日期间了解节日文化,激发大学生感恩情感。最后,可开展典型示范教育,结合在感恩他人、反哺社会方面涌现出的典型人物和模范事迹进行大力宣传,强化学生的心理认知和行为实践。

3. 开展感恩实践活动,让感恩意识转化为感恩行动

高校开展感恩教育的最终目的,就是把受助大学生的感恩意识最终转化为具体行动,促使受助大学生将反哺社会的意识和行为当成一种习惯。总的来说,在我国各层次的教育中,小学阶段的感恩教育做得比较好、比较细致,中学也不错,但是在大学期间,高校开展的感恩教育特别是感恩实践活动就偏少,这方面有待进一步推进,让大学生在走进社会之前,培育好感恩意识,从而从容迈进社会。

大学生感恩实践活动可以多样,例如,组织学生在清明节前后,到烈士陵园悼念先烈,让学生意识到,没有当年烈士们留下的鲜血,就没有我们现在的幸福生活。又如,在每年的寒暑假,组织受助大学生积极参加社会实践活动,加强他们回馈社会、奉献社会的意识。华南农业大学农学院连续5年

组织获得过资助的大学生成立“梦之队”,返回学生家乡支援“三农”发展,为贫困山区的小孩捐赠图书,活动既帮助了他人,也培养了受助大学生的感恩情怀。再如,可以利用父亲节、母亲节、劳动节以及各类特殊的节假日,教育引导大学生为父母做一些力所能及的事情,体会父母生活的艰辛,学会感恩。

4. 推广受助学生的道义契约,培养学生的社会责任感

这里所谓的“道义契约”,是指提倡奉献和爱心,要知恩图报,懂得回报社会,受助学生承诺有能力时会捐资助款,用于帮助更多的人。这里的契约,是一种倡议,而不是命令。

在高校精准资助的背景下,让受助学生认识到感恩的重要性和意义,能够消除其经济困难的自卑心理,塑造健全人格,积极反哺社会。为此,高校在实施好精准资助的前提下,通过开展系统的感恩教育工作,引导受助学生理解资助者的“大爱”,真切领悟感恩的真谛,将感恩意识转化为感恩行动,促使受助学生主动反哺社会,真正实现“受助—自助—助人”的转变,让感恩党和国家、感恩社会、感恩学校、感恩父母、感恩师长、感恩资助者成为受助学生的一种习惯。

第五节 加强“四力四化”建设,充分发挥学生社团育人功能

一、案例简述

党的十八大以来,高校思想政治教育工作进入新时代发展的快车道,对大学生的思想政治教育工作提出了更高要求。高校学生社团作为大学生思想政治教育的重要阵地,在大学生思想引领和成长成才中发挥着重要的育人作用。组织育人是新时代高校全员全程全方位育人的重要内容,是高校落实立德树人根本任务和提高人才培养质量的重要途径。2020 年 4 月,教

育部等八部门联合印发《关于加快构建高校思想政治工作体系的意见》，指出加强群团组织建设，特别是要切实加强学生社团建设管理。新时代，如何发挥学生社团的育人功能？

二、解决思路

高校学生社团组织不仅是大学生思想政治教育的重要载体，也是第二课堂的组织者和实施者，承载着思想传播、知识传授、文化传承、精神传递、塑造人格、端正品行、调节身心、锤炼意志等重要任务，对大学生的成长成才全面发展产生深远的影响。习近平总书记强调，“要在坚定理想信念上下功夫”“要在厚植爱国主义情怀上下功夫”“要在加强品德修养上下功夫”“要在增长知识见识上下功夫”“要在培养奋斗精神上下功夫”“要在增强综合素质上下功夫”。“六个下功夫”为高校培养时代新人指明了方向，为学生社团组织育人提供了基本遵循。学院应该牢记立德树人这一根本任务，遵循和贯彻党的教育方针，将培养中国特色社会主义事业建设者和接班人作为学生社团建设的职责和使命，加强“四力四化”建设，充分发挥社团的育人作用，团结和凝聚广大青年学生，组织开展主题鲜明、健康有益、丰富多彩的线上和线下课外活动，切实将学生社团打造为满足学生心理需求、社交需求、结群需求、发展需求的物理场域和精神家园。

三、实施方法

1. 坚持政治学习常态化，加强学生社团引领力

始终坚持“党管青年”的原则，将学生社团作为立德树人的重要阵地和重要环节。开展政治学习常态化，将育人要素有机融入日常学习和生活中，帮助大学生实现“知识—信念—行为”的转化，引导大学生认同主流价值观。指导社团有针对性地设计、开展理想信念教育、爱国主义教育、社会主义核心价值观的培育和践行等主题活动，采用时代化、大众化、生动化的方式，既关注青年大学生的兴趣特点，提高学生对社团活动的参与度，增强和社团组

织之间的黏合度，又唱响主旋律，弘扬正能量，使学生社团成为立德树人的良田沃土。

2. 坚持社团管理制度化，提升学生社团保障力

加强社团发展的顶层设计和长效机制建设，指导社团根据自身发展特点明确自身定位、发展目标和发展计划，形成积极健康的社团文化，将制度自觉内化为学生的思想自觉和行动自觉。同时，健全了社团的资格准入制度、日常管理制度、督导考核制度、社团负责人选拔制度等管理制度，通过科学规范的制度设计与执行实施，实现社团管理从粗放式到精细化的转变，使学生社团成为强化思想引领的阵地、培育健康文化的载体、凝聚青年学生的纽带。

3. 坚持校内校外联动化，提升学生社团协同力

建立了专业教师、党政领导干部、行政教辅人员、企业导师组成的多主体参与的指导团队；完善了社团指导教师激励机制，探索推动将教师指导学生社团纳入教学课时，激发教师的积极性，通过学生社团"隐性课程"实现育人育才。同绿色神州环保公益组织、中铁建设发展集团有限公司、垃圾焚烧发电厂等校外组织、单位建立了长期合作关系，在当地村庄、社区等建立了实践基地，同时加强同全国各大高校社团的沟通与合作，通过校外单位、组织的合作与沟通，获得工作指导，寻找合作项目，推动社团服务社会。

4. 坚持活动开展精品化，提升学生社团创新力

学生社团在校内外成功举办了多项精品活动，切实提升学生社团的创新力。在校内组织开展了"最强大脑"——生物知识擂台赛、银河之星生物论坛、实验技能大比拼、叶脉标本制作大赛、校园植物识别活动、植物摄影大赛及植物电子地图制作活动、校园绿色植物挂牌活动等活动。在校外组织开展了"保护母亲河——徒骇河""水之韵，人之行""告别黑臭清如许""河长制促河长治，让水城更像水城"等节水护水系列活动。申办了"蔚蓝力量·关爱海洋"全国大型青年微公益行动，带领贫困生山区的儿童前往烟台、青岛、威海、日照、临沂等地通过"看海""绘海""护海"三个方面展开一系列的环保活动。针对乡镇坑塘普遍存在脏、乱、差的情况，实施了"护塘使者——鲁西农村坑塘改造项目"。围绕垃圾分类，开展了"纸缘·倡阅读护

书研究中心”“尔思护卫·垃圾分类环保循环工作站”“生态中国,迫不‘圾’待——垃圾分类普及计划”等诸多精品项目。

四、实施效果

1. 学生切实在社团活动中得到锻炼和成长

创业社团的“来自于中药渣的‘妙药灵芝’”项目获2020年挑战杯大学生创业计划大赛国赛铜奖;百奥社团的“百奥生物—富含虫草素蛹虫草的领军者”项目获2020年挑战杯大学生创业计划大赛国赛铜奖。

2. 社团多次获批国家级项目并连续多次获奖

生物践行者协会社团连续8年获批中华环保基金会TOTO水环境基金大学生社团水环境保护活动小额资助项目。“生态中国”大学生联盟项目获2019“清洁节水中国行—家—年—万升”全国高校小额资助项目入围奖。组织申办亚洲动物基金发起的动物福利校园公益活动,获“全国优秀社团”称号。连续两年申办了中华环保基金会、菜鸟驿站、阿里巴巴公益基金会等发起的菜鸟“回箱计划”暨绿色校园联合公益行动,在校内掀起了一阵垃圾分类的浪潮,效果显著。连续两年申办“绿色引航”全国中小学环教行动暑期实践评选活动,被评为“优秀暑期社会实践队”。社团参加了第十三届全国大学生节能减排社会实践与科技竞赛,并获全国三等奖。

五、经验启示

做好大学生的思想引领、服务青年成长发展、夯实基层团组织建设是高校共青团工作的主责主业,高校学生社团作为共青团工作的重要组成部分,强化思想引领是高校学生社团增强吸引力和凝聚力的源头活水,也是社团组织育人的首要任务。2013年,习近平总书记同团中央新一届领导班子成员集体谈话时强调:“共青团要做好青年思想引导工作、增强吸引力和凝聚力,必须站在理想信念这个制高点上。”在推进学生社团改革,构建组织育人工作体系过程中,要聚焦主责主业,强化思想引领。①要坚持党对社团工作的全面领导，以立德树人为根本任务，以思想政治教育为主线，以理想信念教育为核心，以爱国主义教育为重点，突出政治导向和育人导向功能，大力培育和弘扬社会主义核心价值观。②要充分发挥社团业务指导单位党组织、学生社团党支部和团支部的协同育人作用，全员全程全方位打造组织育人共同体。③要利用网络和新媒体平台构筑社团阵地，占领思想政治教育的制高点。④要打造学生社团的精品活动、品牌活动和特色活动，充分挖掘社团活动中的思想政治教育元素，营造风清气正的社团环境，切实提升社团组织育人的实效性。

第三章 党团和班级建设类案例分析

第一节 “双转”模式打造学霸考研班级

一、案例简述

小王是从环境科学专业转到我院生物科学专业的学生，开始他和其他同学一样凭借满腔热情和勤奋努力完成专业转化。但由于之前对所转专业缺乏充分、全面的了解和规划，并且难以适应我院较为严格和规范的管理方式，从而产生倦怠和茫然，出现了迟到、旷课等不良现象。像小王这样的学生在我负责的班级中占到了 50% 以上，他们来自 7 个不同学院和专业，由于对班级、宿舍等管理方式不适应，该班级宿舍卫生情况、课堂考勤情况、班级宣传情况等均处于同年级后列，班级人心涣散，士气低落。我从专业思想教育入手，通过“转、聚、立、文、育、范”等六项教育措施，实现学生学业和专业思想的“双转”教育目标的实现。该班获得山东省先进班集体荣誉称号，27 人获得国家励志奖学金、校一等奖学金等奖项。在全国研究生考试中，考研上线率近 80%。

二、解决思路

1. 转：打造双转模式，实现学生学业和专业思想的转变

班级学生面临两个转变，转变专业，转变思想。通过专业教育，进一步确定学生的专业认同。通过教育和引导，帮助学生适应新的环境和要求。

2. 聚：制定发展目标，凝聚全员力量

帮助班级制定共同的发展目标，凝聚和调动全班学生的力量，让全班同学跟着班主任一起实现成长和进步。

3. 立：树立规矩意识，强化纪律观念

没有规矩，不成方圆。在班级中重新确立规矩意识和纪律观念，保证正常的班级秩序。同时，在管理中刚柔并济，既要有严格的纪律和规矩，又要尊重学生、理解学生，让学生体会到来自老师的关心和关怀。

4. 文：设计班级文化，实现文化育人

文化环境时时刻刻在影响着学生，充分发挥班级文化的育人功能，实现良好的班级建设和班级管理。

5. 育：教育学生骨干，发挥模范作用

学生干部是班级中的骨干力量，是班级具体事务的组织者、服务者、领导者和实施者，充分发挥学生干部的作用，扭转班级涣散的局面，加强班级建设。

6. 范：做到以身示范，展示管理形象

班主任做事情公平、公正，对学生严慈有度，学生才愿意“亲其师”，才会“信其道”。班主任做到身正为范，为人师表，才能将教育和管理落到学生心里，转变为具体行动。

三、实施方法

1. 制定班级班规，坚持制度规范

通过调查问题、座谈等方式，征求学生的意见，共同制定班级班规。召开全体班会，指出班级目前存在的问题，研讨学校相关规定，提出班级管理细则。对违反班规的同学，一律严肃处理。班规实施后，班风有明显好转，迟到、旷课的学生人数明显减少，班级其他方面也大有改观。

2. 及时肯定表扬，注重情感激励

班风好转之后及时进行表扬，尤其是对于表现较好的后进学生进行了全班点名通报表扬，学生得到激励和肯定，更有自信，对老师更信任，学习和自我约束的劲头再次提升。在进行入党积极分子评选、党员推荐、家庭经济困难学生认定等工作中，学生发扬风格，相互鼓励和支持，良好班风基本形成。

3. 明晰任务要求，树立目标导向

为了凝聚班级力量，为班级制定长远发展目标，即毕业时每个同学都能实现自己的考研或者就业梦想；制定中期目标，即学期末全班学生成绩没有挂科，班级评比达到全院中上水平；制定短期目标，即每个学生最近考勤都能做到全勤，保持宿舍卫生，积极参加学院组织的活动。有了班级目标，全班学生都有了动力。

4. 关照关爱学生，坚持以学生为本

在班级学生提出困难时，及时伸出援手并发动班级其他成员给予关怀和帮助。在重要的节日节点，及时送温暖。充分尊重学生，理解学生，师生之间的距离更近，对于班主任的安排、学院的要求，学生更加理解，更加配合。

5. 处事公平公正，打造班级文化

作为班主任，以身作则，做事情公平、公正。在进行班干部选拔、党员推荐、入党积极分子推荐、家庭经济困难学生认定等过程中，一心为公，在充分调研的基础上，公平公正地进行评选，学生对于评选结果毫无异议。同时，帮助学生树立正确的价值观，学生有着良好的价值判断和价值选择，营造了风清气正的班级文化氛围。

6. 加强指导和培训，提升学生干部能力和水平

定期同班长、团支书等主要学生开展座谈和交流，及时了解班级学生情况，了解主要学生干部的工作思路，对他们进行指导和纠偏，督促他们在学

习和工作中以身示范,发挥模范带头作用。帮助他们处理好与同学的关系,充分发挥上传下达的桥梁作用。

四、实施效果

班级获得山东省先进班集体荣誉称号,在全国研究生考试中,全班41人,上线36人,考研上线率87.8%。班级出现1个考研满贯宿舍,5人考研成功宿舍3个,31人考入“985”“211”等名校。我被评为山东省高校优秀辅导员并获得“聊城大学十佳辅导员”等荣誉称号,我的教育管理经验被聊城大学网站和公众号宣传3次并在全校进行推广。

五、经验启示

1. 制定班级规章制度是关键

良好班集体的形成,必须有一个人人都遵守的班级规章制度。在制定班级规章制度时,做到充分调研和征求意见,简单可行,提高班级管理的效率和规范。

2. 选好用好学生干部是班级管理的基础

缺少得力的助手,班主任很难做好班级管理工作。加强对学生干部的培训和指导,充分发挥班干部在班级中的管理、服务和教育作用,有利于良好班风形成,有利于加强班级管理的质量和效果。

3. 良好的师生关系是班级管理的根本

班主任在管理的过程中,要将解决思想问题和给予实际利益结合起来,帮助学生解决实际困难。只有真正围绕学生的成长和需求,学生才愿意服从和接受班主任的教育和管理。

4. 加强工作研讨是促进班级管理的内生力

班主任工作具有较强的专业性,不进行研究,就会在大量的、反复出现的常规问题前重蹈覆辙、束手无策。加强总结、交流和研究,才能尽快掌握工作方法,才能让班级管理更加轻松、规范和有效。

5. 提升辅导员专业素质和能力是班级管理的重要保障

辅导员是班级真正的管理者和领导者，辅导员的专业素质越全面、工作能力越强、水平越高，班级管理的效能就越好。因此，辅导员要加强培训和学习，提升自身的专业素质和能力，为班级管理做好保障。

第二节 规范选拔合格的班干部

一、案例简述

大二开学后，班主任发现班长小王发生了一些变化。原本衣着朴素的小王更加注重自身的外貌，每次见面都画着淡妆，衣服也逐渐靓丽时尚起来。班级学生发生的几件事情，小王没有及时上报给班主任，班主任跟小王沟通时，小王非常不以为然，轻描淡写地搪塞过去。班主任老师同小王进行了谈话，情况有所好转。后来，小王多次出现旷课行为，组织班级活动也不是很积极。发现这种情况后，班主任约小王进行了谈话。小王表示自己的性格比较感性，对一些事情比较敏感，最近情绪不佳，小王表示将调整自己的状态，做好班级学生的榜样，积极为班级和学生服务，协助班主任老师完成班级管理工作。谈话后一段时间，其他辅导员老师反映小王所在的班级旷课学生持续增多，小王也连续出现 2 次旷课，组织班级活动方面并没有明显改善。

二、解决思路

1. 当机立断，对不合格的班干部予以撤免

在这个案例中，班主任已经跟班长小王进行了谈话，对小王存在的问题已经明确指出并进行了教育，班主任已经给小王提供了改过的机会，但是小王没有做出明显的改进。小王不仅没有履行班长的职责，在课堂纪律遵守

上，小王出现多次迟到的情况，作为主要学生干部，小王的行为给班级其他同学树立了负面的榜样，小王已经不符合一名合格班干部的标准，因此，在这种情况下，班主任不能继续姑息和置之不理，要采取有效措施，坚决撤掉小王的班长一职。

2. 肯定撤职班干部的努力，尊重撤职班干部的感受

虽然小王在本学期出现了懈怠和违纪的行为，没有很好地履行班干部的职责。但是，班主任不能全盘否定小王的工作。小王在大一的表现尚可，尤其是在大一上学期，作为新生班级的班长，不仅自己要完成大学生活和学习的适应，还要承担很多学校和学院交办的工作。小王虽然没有成绩斐然，但是，兢兢业业地完成了学校和学院交办的任务，认真负责地配合班主任开展了班级管理和服务。对于小王的付出和努力，班主任要表示肯定，充分尊重小王的感受，鼓励小王继续为班级贡献力量，教育小王继续努力，成为一名更优秀的大学生。

3. 规范选拔程序，选拔合格班干部

班干部的人选，不能更换得太频繁，因此，重新选拔班干部，要进行科学的设计和规划。由于班主任对班级的学生已经有了比较深入的了解，班级学生之间也比较熟悉，所以，使用竞聘的选拔方式，既能锻炼学生干部的能力，又能充分发挥民主，了解同学们的意向，同时，也能结合班主任的意见，将真正合适的、能力强的、有责任的学生干部选拔出来。

4. 树立权威，做好培养

新的学生干部选拔出来后，班主任要对新任的学生干部做好指导和教育，要协调好新任学生干部和撤职学生干部的关系，督促撤职学生干部做好班级管理交接工作。要帮助新任学生干部树立权威，确保班集体团结一心，避免出现“一山二虎”的现象。

三、实施方法

1. 严肃指出错误，通告撤职决定

辅导员将学院近期的旷课通报打印了出来，邀请小王到办公室进行谈

话。辅导员指出小王存在的懈怠行为以及近期班级出现的问题,小王全部都接受。辅导员告知由于小王的表现,班长的职位要进行撤销,小王意识到自己的错误,对辅导员的撤职表示接受。辅导员建议小王自己递交班长辞职申请,建议在班委改选时由小王自己向全班同学告知,小王接受辅导员的建议。小王表示自己将站好最后一班岗,在新的班长选举出来之前,同团支书一起做好班级管理工作。

2. 科学设计规划,筹备竞聘事项

在辅导员的指导下,班委会制定了班长竞聘通知,详细规定了竞聘的条件和要求,辅导员安排团支书发布了班委改选通知,鼓励班级优秀的学生竞选。竞选的学生填写了竞聘表,辅导员查看了竞聘表,对所有报名竞聘的学生提前进行了摸底和了解。

3. 尊重学生感受,树立感恩意识

在正式竞聘之前,辅导员向全班同学解释了本次竞聘的目的和原因,引导同学们正确看待卸任班长,与卸任班长友好相处。辅导员安排小王上台,就自己辞职做出说明和解释,赢得学生的理解,同时,小王也表示,今后将配合新任班长的工作,认真学习,积极向上,做一个更优秀的人。

4. 公平公正竞聘,选拔合适人选

经过认真筹备,班长竞聘班会及时进行了召开,竞聘班会由班级团支书主持进行,班主任到场指导工作。班主任强调了公平竞聘的重要意义,提出了在进行投票时的注意事项和要求。所有竞聘的学生逐一上台,就自己的竞选优势、工作思路和规划进行了不超过5分钟的竞选演讲。所有竞聘的学生演讲结束后,班级全体成员进行了投票,投票结束后,进行了唱票。唱票结束后,班主任并没有立即宣布结果,而是随机邀请了班级的若干名学生进行谈话,了解学生对于竞聘结果的看法,调查整个竞聘过程是否公平公正,是否存在“贿选”等不良现象。通过调查,班主任最终确定了新任班长的人选,该人选也是班主任之前比较认可的学生。随后,班主任对竞聘结果进行了公布,确定了新的班长。

5. 指导工作方法,提升管理效果

班主任对班级主要学生干部进行了集体谈话,帮助新任班长融入班委会中，树立了新任班长的权威。班主任定期同新任班长进行谈话，了解工作情况，听取新任班长的工作汇报，对新任班长提出来的困难进行解答，帮助她尽快进入班长的角色，履行好班长职责，在出色完成学业的同时，做好班级管理工作。

四、实施效果

1. 撤职学生干部积极上进

虽然被撤职，但是小王并没有受到太大的影响，与班主任的关系依然比较融洽，对于班主任的工作安排也比较配合，没有明显的抵触情绪。小王与新任班长的关系也比较平稳，没有出现给新任班长穿小鞋、对着干的行为。

2. 新任学生干部能力突出

新任班长的能力非常突出，人际关系非常融洽，受到班级同学的拥护，新任班长的工作得到绝大多数同学的支持，班级工作开展得非常顺利。

3. 班风明显扭转和提升

经过班主任和新任班长的努力，班级旷课等情况有了明显好转，班风有了显著提升。

五、经验启示

1. 对不称职的班干部要及时撤换

没有责任心或者能力太弱的班干部，经常完不成任务，对自己的要求不严，不能率先垂范，经过民主测评不合格或者科任教师意见较大的班干部，不仅不能帮助班主任管理好班级，反而会影响良好班风的形成，成为班级发展的障碍。对于不称职的班干部，班主任要使用自己的职权，果断撤换。但是，在撤换的时候，要注意方式方法，行动上绝对不能迟疑。如果班干部违纪严重，要在全体学生面前公开进行批评和教育。班主任绝不能因为碍于情面，不做及时调整，这样会越来越麻烦。

2. 选择合适的竞聘办法

中途撤换班干部是一件比较麻烦的事情,处理不好,容易让撤职班干部产生抵触情绪,影响师生关系。有时,撤职班干部会形成小团体,专门跟新任的班长对着干。如果出现这种情况,班主任要果断采取措施,对撤职班干部进行批评教育,帮助新任班干部树立权威,开展工作。竞聘班干部时要考虑以下几点:①选择班干部时要更加慎重,提前调查,确定人选范围;②可以采用公开竞聘的方式进行选拔,这样一方面可以让班主任以及全班同学了解竞聘学生的想法和思路,另一方面也是对竞聘学生的考验和锻炼,有利于选拔出优秀的班干部;③初选出来的班干部可以设置"试用期",满意后再正式聘用。

3. 要帮助新任班干部树立威信

班主任要成为班干部的坚强后盾,支持并帮助他们开展好工作。因为班干部的个人能力和威信不同,有些学生并不愿意服从班干部的管理。班主任除了教给班干部一些工作方式方法之外,还要旗帜鲜明地为班干部撑腰打气。要让全体学生明白,班干部既是班级的服务者,同时也是管理者,具有一定的管理权力。只有班级全体学生、班干部、班主任相互配合,班级工作才能顺利开展和完成。对于不服从班干部管理的学生,班主任要严肃批评教育。在班干部威信尚未建立之前,班主任可以采用"带一带""帮一帮"的方法,用师生合作的方式落实班级管理,等班干部有了一定威信之后,逐渐放手。比如,班主任为班干部提供各种平台,能让班干部传达的,班主任就不要自己传达;能有班干部上台讲话的机会,班主任就不要上台讲话;能让班干部完成的工作,班主任就不要亲自完成。班主任要学会给班干部鼓掌、助威,而不是任何事情都由班主任完成,把机会留给班干部,班干部在全体学生面前出现的频率越高,越有利于他们树立威信。

第三节 转专业班级的班委选拔风波

一、案例简述

大学二年级刚开学,来自学校7个学院的44名学生通过“双向选择”的方式,从十余个不同的专业转至生物科学专业,组建了一个新的班集体。新建班集体,要组建新的班委会成员。由于大部分学生不熟悉,我通过提前考察以及个别谈话的方式确定了临时负责人,经过1个月的时间,班级成员互相熟悉之后,我组织了班委会竞选,通过公开竞聘的方式选拔和任命班委会成员。根据民主评议初步确定班长、团支书等班委人选,还没有正式宣布任命,当天深夜,一名竞聘学生小王(化名)给我私发短信,提出票数较高的班长(小李)工作能力不足,自己之前在本学院曾经担任班级团支书,有一定的工作经验和管理能力,想担任班长一职,并表示只想担任班长,其他班委不做考虑。通过进一步沟通,班主任了解到小王在转专业之前,曾经担任过团支书,具有一定的工作能力,但是在本次竞选中由于各种原因票数不是很高,小王心存不甘,想极力争取担任班长或者团支书。小王感觉班长和团支书的职位对于班级管理来说更加重要,而且在评奖评优中存在优势,所以只想争取班长或者团支书,不想担任其他班委。小王提出拟聘的小李存在工作能力不强的问题,表现在工作安排存在简单粗暴的情况,相对原来的学院,目前学院的管理制度更加严格,自己以及班里刚转入的学生都感觉非常不合理。

二、解决思路

1. 了解学生诉求

学生提出疑问和诉求,作为班主任要迅速反应和及时处理。学生提出想担任班长,班主任要根据评议的实际情况和学生的个人素质,做出判断。

2. 掌握实际情况

小王提出票数较高的小李工作能力不足,要通过走访、座谈和调研的方式了解小李的实际工作情况,是否在投票的过程中存在拉票等不良行为,是否与班级成员存在一定的矛盾。

3. 开展具体指导

如果拟聘班长能力尚可,任命之前,班主任要针对其他班级成员提出的建议有针对性地对小李等拟聘班干部进行具体指导,提升他们的工作能力,维护他们在班级中的威信。

4. 树立正确价值观

小王提出想当班长,但是无意担任其他班委,说明该学生可能存在一定的功利思想,班主任要充分肯定他积极为班级服务的意愿,但是要指出他身上的明显问题。

5. 帮助适应环境

由于部分学生从别的学院转入我院,在管理模式、教育环境、课程学习、人际关系等方面都要进行第二次适应,班主任老师要引导学生适应新的环境,尽快步入正轨。

6. 形成班级管理合力

班主任要帮助竞选成功的班干部树立威信,明确班干部的职责和要求,调动班级全体学生的积极性,支持和配合班干部的工作,让班级全体成员成为班级建设的实施者、参与者和班级建设成果的受益者。

三、实施方法

1. 个别谈话,了解学生的意愿和诉求

接到小王的问题反映短信后,班主任立即进行了回复,询问学生的想法,对竞选的流程和要求进行简要解释。由于时间已晚,班主任同小王约定了时间进一步详谈。通过个别谈话,班主任向学生进一步阐明了班干部竞选的规则和流程,明确任命的主要依据。班主任邀请小王担任班级委员,但是小王拒绝了。

2. 座谈、调研，掌握学生反映的情况是否真实

针对小王提出的对小李的质疑，班主任组织部分班级成员进行了座谈和调研。通过调研发现，投票过程中不存在贿选的情况，小李的得票比较高，主要原因在于大部分班级成员对小李的工作态度和工作能力抱持肯定态度，虽然小李在布置任务的时候有时候表现得比较直接，但是，班级成员还是能够接受和支持的。况且，拟聘的班长为男生，拟聘的团支书为女生，在安排和部署班级任务时更加便利和周全。班主任通过观察，发现小李虽然担任主要学生干部的经验有一定不足，在其他方面还是有一定的优势的：比如小李的思想品德比较端正，态度比较认真，在担任临时负责人期间，还是能够尽职尽责完成班级管理任务的。班主任将调研结果等情况同小王进行了进一步的沟通。

3. 通过个别谈话，教育和引导小王树立正确的价值观

班主任掌握了班级学生对小李的支持情况后，将谈话结果对小王进行了反馈，同时，教育和引导小王树立正确的价值观。要充分认识到班干部的服务功能，意识到担任班干部更多的是付出和奉献，不要为了获得更多评奖评优机会而担任班干部，而是通过担任班干部锻炼自身的素质和能力，不是只有班长才能为班级做贡献，作为班委和普通学生，都可以为班级服务，获得老师和班级成员的认可。为了获得评奖评优或者推优入党的机会而担任班干部的思想是错误的，是当不好班干部的。班主任鼓励小王好好学习，同时积极参与班级的活动。

4. 加强对班长、团支书以及班委成员的培训和指导

结合小王反映的问题，班主任召开了班委会会议，针对班干部的“官僚作风”问题、简单粗暴问题进行了情况反馈，指导班干部在与学生沟通和交往的过程中注意态度、语气、措辞，牢固树立服务意识、平等意识、奉献精神，转变工作作风，赢得班级成员的认可和拥护。班主任组织班干部经验交流会，邀请有经验的、表现突出的班委传授经验，帮助新任班委会成员快速学习和成长。

5. 逐一谈话与主题班会相结合，加强同班级学生的沟通和交流

班主任逐一同班级成员进行谈话，了解转专业后学生面临的实际困难

和适应情况，通过逐一指导，帮助班级成员适应新的环境。召开学习、适应、思想等主题班会，针对学生面对的共性问题，开展经验交流、经验分享、主题演讲等，帮助学生尽快转变角色，让生活学习步入正轨。同时，通过召开班会，建章立制，调动全体成员的积极性，提升班级的凝聚力和向心力。

四、实施效果

1. 反映问题的学生积极配合

经过班主任的多项举措，反映问题的小王充分认可了选拔结果，在班级管理中非常配合班干部的工作。同时，经过班主任的教育和引导，虽然没有实现担任班干部的愿望，但是，小王努力学习，认真参加学校和学院组织的学科竞赛活动，取得优异成绩。由于小王成绩突出，获得研究生推荐免试的资格。

2. 班干部工作方法适当

经过班主任的定期培训和个别指导，班长等班干部骨干表现得非常认真和负责。班长对学校和班主任的工作部署落实得力，对班级成员关心关爱有加，班级成员能够支持和拥护班长的工作，班长本人奋发图强，平衡学习和工作的关系，高分考取研究生，完成大学奋斗目标。

3. 班级形成良好的班风

班主任的教育和引导适当，班级成员具有正确的价值观、世界观和人生观，班级秉持正确的舆论导向，班级整体阳光、向上。班级成员能够理解和认可班主任和班干部的工作，在各个方面予以支持。班级成员学习成绩良好，三分之二的班级成员成功考取研究生。

五、经验启示

1. 坚持公正透明的选拔机制与持续的能力培养

在班干部的选拔过程中，公正性和透明度是赢得学生信任和支持的关键。通过民主评议和公开竞聘，确保每位学生都有平等的参与机会。班主任的角色不仅是选拔者，更是引导者和培养者，需要为班干部提供定期培训，帮助他们提升管理和协调能力，同时强化服务意识和奉献精神，确保班干部能够以身作则，真正代表和服务于班级成员。

2. 强化正确的价值观教育与班级文化的建设

班主任应引导学生树立正确的价值观，认识到班干部的角色更多是服务和奉献，而非追求个人利益。通过个别谈话、主题班会和团队建设活动，加强学生对班干部工作的理解，提升班级凝聚力和向心力，营造一个阳光、向上的班级氛围。同时，班主任需及时处理班级矛盾和问题，确保班级稳定和谐，为学生提供一个良好的学习和成长环境。

3. 注重个体发展与及时有效的沟通

在班级管理中，班主任应关注每位学生的个性化需求和个人发展，鼓励学生发挥自身特长，实现个人目标。通过建立有效的反馈渠道，让学生能够对班干部的工作提出意见和建议，同时实施适当的监督，确保班干部的工作透明、公正。此外，班主任需通过个别沟通和座谈调研，及时掌握班级动态，快速有效地解决问题，帮助学生适应新环境，引导他们平衡学习和工作的关系，促进学生全面发展。

第四节　新手辅导员选拔助理的困惑

一、案例简述

小尹硕士毕业后，应聘到某高校成为专职辅导员，由于小尹综合素质比较突出，学院党委经过慎重考虑，决定聘任小尹担任 2022 级新生班级共 100 余人的班主任和年级辅导员。小尹所管理的班级人数较多，作为年级辅导员，小尹也需要选拔班主任助理来帮助新生班级各班主任老师提升班级管理的效率，同时，担任班主任助理也能够给高年级的学生提供锻炼的机会和舞台。如何选拔班主任助理以及如何指导他们充分发挥作用，是毫无经验的小尹非常头疼的问题。

二、解决思路

1. 明确班主任助理的意义和作用,发动高年级学生积极报名

一方面,班主任助理能够协助班主任处理一些日常事务,让班主任有更多的时间和精力投入教学和科研工作之中;另一方面,高年级学生可以通过担任班主任助理培养自身工作的条理性和预见性、组织协调能力,增强为广大同学服务的意识和奉献精神。通过担任班主任助理工作,可以提高自己明辨是非、办事公正的能力,学会理解和宽容别人;通过经常和同学老师交往,可学会如何做事,如何与同学、老师打交道,如何处理好集体与个人的关系,还可以增强自信心、胆量及语言表达能力;班主任助理用"老师"标准严格要求自己,能够激发自身潜力,努力提高自身综合素质。作为年级辅导员,要积极宣传和动员,告知高年级学生应聘班主任助理的意义和作用,鼓励高年级学生积极报名。

2. 本着公正、公平、公开的原则,组织开展班主任助理选拔

辅导员要通过各种渠道全面了解班主任助理申请学生的品德、成绩、能力等方面,尤其要考查申请者的政治立场是否坚定、道德品质是否端正、作风是否正派等,确保班主任助理能够帮助班级坚持正确的政治方向和立场,帮助班级营造良好的班风和学风。年级辅导员要提前策划、制定选聘制度和方案,坚持公正、公平、公开的原则,开展班主任助理的选拔,切实将理想信念坚定、思想品行端正、学习成绩优秀、工作能力突出、处事能力稳妥、善于人际沟通和交流的学生选拔出来。

3. 根据新生班级教学等活动安排,指导班主任助理开展班级管理工作

班主任助理选拔出来之后,辅导员要梳理出具体的工作职责和工作要求,定期对他们进行培训和指导。通过培训,帮助班主任助理了解新生入学时的工作安排、班级管理的知识、班级常规工作等,避免班主任助理不了解工作任务而茫然,或者形同虚设,不能充分发挥他们的作用。

三、实施方法

1. 精心设计方案，公正公平选拔

新生班主任助理人员的选拔方式可以是全院范围内公开选聘、自荐，也可以是直接任命，方式灵活多样。如果选拔的人数较多，可以以公开选聘的方式从高年级学生中挑选。辅导员应精心设计选聘方案，一般需要报名者先提交申请表，结合学生的实际情况，由学院主席团成员完成初审；经过学院主席团成员的推荐，开展答辩面试。答辩面试既能充分展示报名者的公开演讲能力和临场应变能力，也能让辅导员深入了解报名者的想法和素质，帮助辅导员选拔出合适的班助人选。如果选拔人数较少，辅导员可以直接任命个人能力突出、综合素质较强的学生干部担任班主任助理，而不进行公开选聘。

2. 明确工作职责，做好科学指导

要向班主任助理明确其具体职责，让他们了解自己的工作内容和工作任务，要告知班主任助理应该从以下几个方面入手，开展班级管理工作：

(1)班主任助理要教育引导学生坚定理想信念，组织学生学习党的理论知识，协助做好入党启蒙教育、做好学生入党积极分子培养教育、做好学生党员教育管理，定期与入党积极分子谈话。

(2)班主任助理要引导学生培养宽阔的学科视野和学术兴趣，介绍学科专业发展动态，指导学生养成良好学习习惯，关注学生上课出勤及学习投入情况，每学期分析学生的学习状况，针对学习困难的同学要积极采取相应措施和方法。

(3)班主任助理要深入班级、团支部了解情况，指导班委会、团支部委员会开展主题班团会，定期参加班级班团会。定期到所在班级学生宿舍深入走访，定期与班级每一位同学谈话，了解学生思想、学习、生活情况，把握学生动态，掌握学生舆情，尤其要关注同学的特殊情况，及时向班主任和辅导员反馈。

(4)班主任助理要积极鼓励同学开展各类文体活动,支持学生的课外学习及科技实践活动,督导学生遵纪守法、举止文明,强化班级的思想、组织、作风建设,树立良好的班风。

(5)班主任助理要做好学生干部的培养和管理,注重提高学生干部的综合素质,注重培养学生"自我教育,自我管理,自我服务"的意识和能力。

(6)班主任助理应该积极主动与辅导员和班主任联系与沟通,翔实沟通班级近况,并落实好下一步工作计划。

3. 定期开展培训,引导班主任助理充分发挥作用

新生班主任助理绝大部分是来源于高年级的学生干部,虽然他们有一定的学生工作经验,但从未担任过班主任工作,对相应的工作内容和职责缺乏了解。因此,辅导员有必要对班主任助理进行业务培训,如班级建设管理、常规性工作(奖、勤、补、助、贷、保险等)、突发性事件处理、学生安全、学风建设等等,通过专门的培训让助理们全面深入了解和掌握班主任工作内容,以便更好地做好助理工作,带好新生班集体。

4. 合理考评,做好激励和奖惩制度

新生班主任助理是众多班级事务的直接参与者和领导者,其工作状况的好坏可以从所带班级中反映出来。为了督促他们更好地完成助理工作,辅导员要完善考评机制,定期对助理们进行有效的监督和考评。通过考评,既可以从班级学生、班主任、辅导员中获取班主任助理工作方面的信息,也可以从班级配合学院完成相关学生工作的情况,两方面综合对助理们的工作进行考评,根据考核结果进行相应奖励或惩罚。

四、实施效果

(1)选拔的班主任助理认真负责,协助各班班主任完成新生班级管理工作。尤其是在疫情防控的形势下,新生入学时,校园相对封闭,家长原则上不得进入,班主任助理协助辅导员老师帮助新生迅速熟悉校园,为新生的适应做出了贡献。

(2)选拔的班主任助理切实得到了锻炼。越是艰苦的时候,越是成长最

快的时候。班主任助理们通过一年的锻炼，其个人的沟通协调能力、统筹规划能力、班级管理能力等方面都得到了显著的提升。

五、经验启示

1. 新生班主任助理工作模式的优势

（1）负责的态度、高昂的热情有助于工作开展。新生班主任助理自身就是高年级学生，他们充满活力，勇于尝试和挑战，而助理工作对于他们而言又是新鲜事物，都想进行一番尝试，尽自己最大努力把助理工作做好，以满腔热情投入带班工作中，指导新生的学习、生活和工作，帮助新生尽快转变角色、适应环境。

（2）学生干部经历有助于工作开展。新生班主任助理来源于高年级班干、社团组织、学生会等部门，是学生群体中的佼佼者，他们综合能力和素质较高，都有着丰富的学干经验，处事能力较强，这些个人经历、经验教训都可以运用到带新生班级工作中去，引导新生学习、生活和工作等方面，避免新生走弯路。

（3）同辈群体效应有助于工作开展。同辈群体效应指的是年龄相仿、身份地位相似、经历相同的一群人所产生的效应。新生班主任助理与大一新生就同属于同辈群体，他们在校园里共同生活、学习，思想观念和价值观相近，可以实现无障碍交流，消除彼此间的隔阂，遇到问题也容易换位思考，可以建立良好、融洽的“师生关系”。

（4）适当减轻学院学生工作负担。学院学生工作中绝大部分常规性工作都是由班委主要成员参与完成的，一个班级中得力的班委，既可以缓解班主任工作压力，又可以减轻学院学生工作负担。由于新生班主任自己有本职工作，他们对班级事务难以做到面面俱到，而班主任助理可以指导班委开展班级工作，协助处理班级事务，在一定程度上减轻了班主任和学院的工作压力。

2. 新生班主任助理工作模式存在的问题

（1）事务过于繁杂，影响自身正常学习、生活。大一新生班级所面临的事务较为复杂繁多，再加上刚组建的班委对班级事务也缺乏了解，工作中出现问题较多。因此，新生班主任助理承担了新生班级事务的绝大部分。但是，助理们自己的角色仍然是学生（大三、大四为主），自身还有学习和工作的任务，面临着专业课程学习、就业、考试等方面的压力，如果不能妥善处理带班与个人学习和生活的关系，必然会对助理们造成负面影响。所以，新生班主任助理们要平衡好二者关系。

（2）投入时间精力过多，容易产生工作疲惫和懈怠。大学生群体对新鲜事物的好奇心、新鲜感来得快、去得也快，班主任助理们也不例外。带班工作事务繁杂、投入的时间和精力较多，尤其是新生班级，而对于新生班主任助理聘期至少为一年，长时间的投入，容易使得助理们产生工作疲惫感，出现工作懈怠和敷衍，消磨掉大部分的新鲜感和耐心，这些都不利于班级管理和建设。

（3）工作经验不足，处事能力仍需加强。带班过程中会遇到各类学生问题，对于事情的处理既考验处事能力又考验处事方法。新生班主任助理说到底毕竟是学生，年少不经事，他们社会阅历较浅、工作经验不足，遇到问题常常运用惯性思维，单纯从学生角度思考问题，考虑不够全面，处理问题的方式方法单一，缺乏灵活变通。

（4）距离失“度”，失去角色威严。新生班主任助理的学生角色身份容易使他们与大一新生打成一片，形成和谐友善关系，但这种关系也必须保持一定的“度”，关系过于疏远容易产生距离感，不利于带班工作；关系过于亲密则容易在新生班级中失去威严，不利于带班工作。助理们仍处于学生时代，他们对“度”和“距离”还是缺乏把控能力。

3. 新生班主任助理工作模式的创新

（1）寻找合理平衡点，妥善处理好学习与工作的关系。班主任助理们应该给新生们做好模范和表率作用，学习、工作和生活的方方面面都应该是新生学习的榜样，这样才能在新生中树立起威信，才能够做好新生的“班主任”。由于新生班主任助理兼顾学生和带班老师双重角色身份，平时就应该要妥善处理好自身学习与带班工作关系，在有限的时间和精力中找到合理平衡点，做到两不误，切不可厚此薄彼。

(2)加大培训力度,提升工作能力。班主任助理对工作业务的熟悉程度、工作能力的高低都影响着带班工作能否顺利进展,虽然助理们有一定的工作经验和工作能力,能够较好地应付和处理一般性工作事务,但面对全新、挑战性的带班工作,以及刚入学的新生群体,这些能力和经验明显不足。所以,学院应该重视对班主任助理队伍的建设和培养,投入时间和精力,形成一套完善的能力和业务培训体系。

(3)加强监督管理,完善激励机制。班主任助理工作为期至少一年,一年时间对于大一新生各类行为习惯的养成引导极其重要,助理工作质量好坏对其有着直接的影响。因此,需要加强对助理们平时工作的监督和指导,定期对助理工作进行考评,细化考评指标,完善监督考评机制;同时,为了保持他们对工作的积极性和热情,需要建立一套激励机制,将一定的物质奖励和精神奖励相结合,保持助理带班机制的长期有效性。

第五节 百思不得其解的学委

一、案例简述

因为辅导员职务变动,我接手了某位即将毕业的转专业班级的班主任工作。快开学时,小方给我发微信,向我担任其班主任表示欢迎。随后,小方发短信告诉我,之前在班级日常表现评定中,存在一定的不合理问题。给予普通同学的表现分比班委的表现分还要高。小方希望作为新班主任的我在这方面留意并改变。开学后,学生综合测评成绩核算工作很快就开始了。作为班主任,要同班级中学生们推荐的学生一起成立班级评议小组,为班级所有学生的表现进行打分。在进行评议前,我有些好奇,按照常理,小方作为班委的一员,为同学们进行服务,理应得到同学们的支持和拥护。事实恰好相反,进行评定时,有评议小组成员提出小方是学委,学习成绩不错,协助老师为班级服务,应该给予高分。他的提议被评议小组其他成员否定了,他们对小方的表现颇有微词,认为小方作为班委不负责任,态度恶劣,坚决不能给予高分。经过评议小组的讨论,给了小方一个较低的评议分。小方不服气,发微信阐述自己的委屈,表示自己这次的评议分比上次还要低。

二、解决思路

1. 消除学生抵触情绪

作为辅导员,要及时告知学生评议的规则。评议小组是班级全体成员推荐选举出来的,评议小组的成员也是在班级中表现较好,有一定的威信,值得同学们信赖的群体。在班主任的监督下,评议小组给出的表现分相对客观,没有特殊原因,评议出来的表现分不会因为哪位同学有异议就重新评定。辅导员要向学生解释清楚原因,帮助学生减轻对表现分的抵触情绪,引导学生消除对评议小组成员的敌对情绪。

2. 帮助学生查找原因

评议小组成员有所更换,连续两年评议的表现分不高,甚至还有下降的趋势,辅导员要引导学生从自身查找原因,而不是一味地责怪别人对自己不理解、不认可。

3. 教育学生改进提升

小方作为班级学习委员,是班级管理的重要一部分,辅导员要教育和引导小方做好班委工作,帮助小方进行改进和提升。如果小方的处事方法还是不得当,跟班级同学矛盾较深,说明小方的性格特点等不太适合担任班干部,可以考虑进行更换和改选。

三、实施方法

1. 多方调研,发现问题

小方自己的描述和评议小组对小方的评价有很大出入,对于评议分数小方存在很大争议。由于辅导员新接手该班级,对该班级情况的了解有限。为了搞清楚事情的真相,辅导员同班级主要学生干部、班级学生进行了谈话。通过谈话了解到,小方担任学委期间,确实按照任课老师的要求对班级学习任务等进行了组织和协调。主要学生干部也反馈,在安排班级相关工作的时候，小方比较配合，能够比较积极地完成任务。小方自身也存在明显的问题，比如班级有同学需要帮助的时候，小方都是一副事不关己高高挂起的样子，有些自私自利。在安排工作的时候，小方的方式也比较简单粗暴，引起部分学生的反感。

2. 积极引导，做好动员

调研结束后，辅导员对小方的情况有了大体的了解。由于小方在担任班委期间，基本做到履职尽责，辅导员考虑让小方继续留任。随后，班主任和评议小组要对主要学生干部的表现进行评价，给予一定的加分奖励。考虑到小方的班级日常评议分较低，个人产生消极情绪，为了鼓励小方积极为班级做贡献，经过班主任和评议小组商议，给予小方的职务加分较高。班主任也将小方的职务加分情况告知小方，引导小方要正确看待日常评议，要反思自身存在的问题，将评议结果作为改正和提升自己的良好机会。引导小方要学会正确处理事情，同班级同学保持良好的关系。

3. 严厉批评，做好督促

经过辅导员的教育和引导，小方表示能够接受评议分，对于班委的职务不想放弃，一定尽职尽责完成任务。辅导员认为小方可能已经回心转意。小方离开后不久，所在班级的任课教师反映该班级的作业上交得非常晚，所在班级的学生反映由于小方最近疏忽职守，自己班级的多项通知都没有收到，所在班级的主要学生干部反映，安排小方做的几项工作他都极力推脱，态度非常敷衍。辅导员意识到小方存在严重的问题，将小方进行了严厉的批评教育。告知小方，如果不放弃班委，就要履职尽责，如果这样消极敷衍，立即进行班委的更换。小方意识到自己的错误，反思了自己的思想和行为，他表示今后一定要转变心态，努力工作和学习，为班级做贡献。

四、实施效果

1. 小方积极性调动

经过批评教育后，小方的积极性得到激励，能够努力学习，积极配合任课教师和班级主要学生干部的工作，共同打造良好的班风。

2. 人际关系转好

小方能够站在同学的角度考虑问题，在同学需要帮助的时候能够伸出援手，小方的做法得到同学的谅解，人际关系转好。

五、经验启示

众所周知，对于一个班级来讲，即便辅导员事事躬亲也不可能做到全天候跟班，及时到位地掌握班级的整体动态，因此，大学生班干部的重要性就凸显出来了。那么如何有效培养班级干部并促使他们发挥举足轻重的作用呢？我们要选定部分有才能的学生担任班级干部，并对他们充分信任，这里信任包含两种含义：①要信任班干部的能力，放手让他们去处理班级事务；②要信任班级群众学生的眼光，要认真听取他们对班级的管理意见和对班干部的建议。这就要求我们在选举班委成员、班级委员会上多用心，下大力气进行前期培养和后期的维护，这样说来，班委成员更像一个强有力的团队，这个团队操作力度的强弱直接关系到班级风气的好坏。一个良好的班集体，除了要有一支业务精良、敬业爱岗的教师队伍外，还要有一支乐于奉献、互相配合的学生班干部队伍。因此，发现干部苗子，选好干部队伍，建立班级领导核心，形成良好班集体，便成为班主任的一项重要工作。

（一）学生干部自身不足以及干部选拔存在的问题及原因

班干部优化配备的基础就是选拔，但是高校班干部选拔存在很多误区。基础工作不扎实、选拔目的不明确、选拔的标准不严格、选拔的程序不科学、选拔的方法较单一，导致选拔的个别班干部自身综合素质低、缺乏主动性或创新意识等问题，难以起到以身作则的模范作用。目前高校学生班干部队伍的素质状况总体上是好的，绝大多数学生班干部能够积极参与学校教学、管理和服务工作，以提高自身的综合素质。但由于他们生活在我国全方位快速发展的重要时期，他们的价值观和对身边事物的认识具有波动性、偏差性，还存在一些不尽如人意之处，主要表现在以下几个方面。

1. 价值观不够成熟

极少数学生是带着一定的功利性思想参加班干部选拔的。有的学生认为担任学生干部可以获得比较多的好处与机会，还有一部分学生有官僚主义思想，不能充分认识到自己是一个普通学生。这样的思想行为大大影响了班干部的形象，增加了大学生思想政治教育的难度。

2. 缺乏责任意识

班干部是大学班级中的重要力量，作为学生班干部，应该自觉锻炼自己，在服务同学中提高自身综合素质，积极配合各方面工作。但有少数班干部缺乏责任意识，认为班干部工作只是简单的配合辅导员工作，其他班级建设管理工作和自己没有关系，不愿意主动为大家服务，不主动参与到班级工作中；对于学生的各种违纪现象和不良行为不闻不问，不管理，不劝阻，缺乏原则性和责任感，担任学生干部却不作为，使班级风貌和学习氛围不佳，责任意识缺失。

3. 心理素质较差

随着社会发展，部分学生心理素质较差的问题越来越明显，而班干部也存在着不同程度的问题，主要表现在情绪消极，意识薄弱，意志消沉等方面。在遇到困难和挫折时容易产生畏难情绪，难以胜任工作任务，进而影响到其他同学和整个班级的工作。

4. 缺乏创新理念

创新对于任何年龄阶段的人都很重要，尤其是作为高校的学生干部。但是，事实却不是很理想，很多大学生都有从众心理，缺乏创新能力。有的部分学生班干部难以进入班干部的角色，承担起责任，完全没有责任意识，还是一种中学班干部的行事方法。当被委以重任时，会产生各类问题，导致结果难以达到预期效果。

(二)解决对策

1. 提高责任意识，增强教育

班干部、辅导员与学生三者息息相关，有着不可分割的联系，三者的配合尤为重要。因此培养班干部管理班级的积极性和主动性就显得尤为重要。首先要有明确的分工，使其各司其职，充分发挥其位置的重要作用。对新上任的班干部及时召开班委培训会议，使其明确意识所在职位的职能与权力。其次培养其团结一致的意识,工作中积极配合,不可脱离群体,共同协助完成工作。最后使其明确班干部对班级的重要意义及影响,以身作则,带领班级共同进步。

2. 有效提高班干部的管理能力

在实际工作中,新上任的班干部还缺乏工作经验,处理事务的能力还有欠缺,使工作不能顺利开展。遇到这种情况时,辅导员应及时给予指导和帮助,提出缺点与不足,及时纠正,教会其处理问题的方法,提高班干部的工作能力。辅导员应使用切实有效的方法引导班干部开展工作,适时放开班干部,使其形成自主完成工作的意识,发挥出自身能力,使其放开手脚,进行一系列的工作。培养其独立、高效且自治自理的工作能力,如此培养出真正独立且能力卓越的班干部。

3. 班委定期开会并进行工作交流

一个班级能否形成良好的班风和学风,班委有着至关重要的作用。在班级的日常管理中班委就犹如火车头起着带头作用。班干部在学生的生活、学习,以及思想等各个方面都起着榜样的作用。所以作为辅导员要经常组织各个班委一起开会,会中要对班级里上一阶段的各项工作进行总结汇报并且对下一阶段的各项工作做出展望计划。通过对上一阶段的总结可以发现问题、解决问题,及时了解班级同学近况,同时,也可以让班委知道自己在上一阶段工作中存在的问题并加以改正。通过这种做法督促班委严于律己,以身作则。

4. 班委考核

当将大部分班级工作分担给班委时,并不代表放之任之。相反地,对于班委要更严格监督管理。要求其他学生做到的事情,作为班委必须以身作则,不仅要做到,还要做好。只有这样才是班级合格的组织者、领导者。与此同时,还要在班里实行民主监督制。在每个学期结束的时候都要从德智体美劳各个方面全面测评班委,作为对每个班委评价的重要指标,并将学生们的问题意见及时反馈给每一个班委,找出问题症结所在并及时解决,提高班委的工作效率。

在日常的班级工作建设中班委是主角,辅导员起引导作用。辅导员对于班级的管理并不是一个静态短期的简单过程，它是一个长期动态的复杂过程，所以辅导员要随着事态的不断发展对班级管理进行修正，创新，总结。只有讲究策略，抓住重点并且跟随时代潮流才能打造一支优秀的班委领导班子，带领班级蓬勃发展。

第六节　学习习近平生态文明思想　开展生态文明建设行动

一、案例简述

为深入学习贯彻习近平生态文明思想，切实提高党员学习习近平生态文明思想的自觉性和坚定性，提升党组织引领力、组织力和向心力，增强党组织和党员的生态文明意识，培养其生态文明行为，提升生态文明建设能力，引导党组织和党员坚定不移做生态文明建设的倡导者、践行者和捍卫者。生命科学学院学生第一党支部组织开展“学习习近平生态文明思想　开展生态文明建设行动”主题党日活动。

二、解决思路

1. 宣传教育与知识普及

通过组织讲座、研讨会和观看相关教育影片，提高党员对生态文明建设重要性的认识。学习国家关于生态文明的政策文件，了解政策导向，同时邀请环保领域专家分享先进经验和案例，增进党员对生态文明建设的深入理解。

2. 实地考察与交流讨论

安排党员前往生态保护区等地方进行实地考察，直观感受生态文明建设的成效与挑战，组织讨论、论坛等，鼓励党员开展头脑风暴，加强交流。

3. 组织开展实践活动

鼓励党员参与绿化植树、社区环境清洁等志愿服务活动，实践节能减排。通过调研收集所在社区或单位在生态文明建设中存在的问题，并制订具体的改进方案和行动计划，推动问题的实际解决。

三、实施方法

（一）深入学习，厚植生态文明思想底蕴

在生命科学学院党委的正确领导下，党支部依托学生党员先锋岗、文化建设驿站等，充分发挥生物践行者协会、百奥科技社、自然之声科普解说社等学生组织力量，统筹规划，认真学习。组织“喜迎二十大、逐绿新征程”习近平生态文明思想学习活动、习近平生态文明思想微党课评选活动、“弘扬黄河文化，共建生态文明”活动等，深刻理解和把握习近平生态文明思想的理论内涵和科学体系，为开展落实贯彻奠定理论基础。

（二）守护校园，引领生态文明建设理念

为牢固树立生态文明思想，践行生态文明行动，党支部引导学生党员从小事做起，从身边做起，从校园做起。党支部带领全体学生党员和入党积极分子开展“手载蔷薇，点亮校园”行动，组织100余名党员和入党积极分子在学院实验楼东侧亲手栽下近100株蔷薇花，每天轮流值班，对其进行浇水、灭虫、施肥、养护等，用自己的实际行动为校园增添绿意和美景。开展“植物身份认证”行动，为校园里的植物制作并悬挂了铭牌，增强同学们对校园的辨识能力，激发同学们热爱自然、保护自然的意识。利用学院微信公众号，开辟“云展馆”栏目，普及和宣传生态保护知识。此外，依托标本馆，组织学校各学院学生参观和学习植物和动物知识，开展生物保护和生态文明建设的解说和宣传。

（三）奉献社会，提升生态文明建设能力

党支部理论联系实际，在实践中感悟和传承生态文明思想。实践育人是提升大学生综合素质的重要途径，是促进大学生全面发展的必然选择。通过开展社会实践，切实增强大学生生态文明意识，提升生态文明建设的能

力。党支部以生态文明思想为指导，组织党员走进云南玉溪开展社会实践，考察了解了当地乡村振兴、企业发展以及生态文明建设，并在玉溪市江川区星云湖国家湿地公园保护管理局建立了社会实践基地。组织党员、入党积极分子开展“调研黄河附近的生态环境和动植物分布”活动、“保护黄河”、“保护农田”等系列活动，为生态文明建设做出贡献。

四、实施效果

本支部以“理论+实践”为抓手，旨在教育、引导广大学生要肩负历史使命，坚定前进信心，立大志、明大德、成大才、担大任，积极投身于生态文明建设事业中来，努力成为堪当民族复兴重任的时代新人。

1. 坚定理想信念——开展了近100场生态文明宣讲会

通过宣讲会，加强广大学生的生态文明教育，增强学生生态文明思想和生态保护意识。与会学生纷纷表示，听了宣讲后更加坚定了生态文明建设的信心，坚定了积极投身生态文明建设事业的决心，坚定了加快建设生态文明强国是顺应我国发展趋势和世界发展潮流、实现中华民族伟大复兴中国梦的必然选择的信念。

2. 践行重大使命——组织各类实践育人活动

实践育人是提升大学生综合素质的重要途径，是促进大学生全面发展的必然选择，以生态文明思想为引领，组织学生开展科普宣讲、生物保护、暑期社会实践、支部志愿活动等，不断提升学生实践能力，增强实践育人效果。

五、经验启示

1. 提升影响力

通过生物科普和生态文明思想宣讲，参与人员超1000人次，引领一批学生主动亲近自然、认识自然、热爱自然，开展生态文明行动，通过各类实践活动不断锻炼、提升学生实践能力，为生态文明建设奉献青春力量。

2. 增强凝聚力

本支部党员通过组织、参加学习和实践活动,以及自身亲自参与和行动,明确了奋斗目标,营造了“劲往一处使,心往一处想”的良好氛围,锻炼了支部同志谋事、干事、成事的能力。

第四章 日常事务管理类案例分析

第一节　优秀带来的烦恼

一、案例简述

小袁目前是一名大二的女生，进入大学后积极主动参加各种社团活动和学生组织，是一名非常优秀的学生干部，学习成绩在班级内也名列前茅。但是最近却有一些烦心事，小袁找到辅导员倾诉，想让辅导员帮助调换宿舍。原来，刚进入大学时，小袁宿舍的氛围十分融洽，不管是吃饭还是上课都是六人同行。但是渐渐的，小袁发现自己与宿舍里其他人之间的关系发生了变化：学院学生会纳新时，小袁很想加入学生会锻炼自己的能力，但是其他舍友却说上了大学就该放松，课余时间应该用来娱乐；小袁非常繁忙，课余时间不喜欢关注明星的新闻，当舍友之间谈起某个明星的八卦时，小袁便没有相关的话题，看到舍友们聊得热火朝天，小袁便越来越觉得自己不合群……

后来小袁认为其他五名舍友是一伙的，做什么都是有意在针对她。有一天，一位性格大大咧咧的舍友往地上放置脸盆的声音大了，小袁认为这个舍友在针对她故意摔盆；有一天，小袁参加学院学生活动，回宿舍晚了，一位舍友在不知情的情况下把小袁关在了宿舍门外，小袁立即情绪激动，感觉舍友对她不重视；随后舍友小张因为感冒生病咳嗽声音大了些，小袁直接让其

“滚出去”；久而久之，宿舍其他五个人也渐渐疏远她了，后来她与舍友之间零交流，成了宿舍的“边缘人”，每每在宿舍都感觉气氛“窒息”，迫不得已寻求辅导员的帮助，想调换宿舍。

二、解决思路

1. 耐心倾听，帮助小袁释放情绪

小袁遇到宿舍矛盾，心情难免激动，会哭，会认为自己很不幸，作为思想政治教育者，要耐心聆听学生的描述，帮助学生释放消极和不良情绪，同时，辅导员应该具备同理心，与学生感同身受，体会学生真正的诉求。

2. 调查了解，全面掌握情况

学生提出调换宿舍，其根源在于宿舍人际关系不和谐，对于疑似“受害者”小袁，作为思想政治教育者，在处理问题前需全面了解学生间矛盾发生的起因和过程，不能轻易评判谁对谁错。如果只是为了单方面平息事端，满足小袁情绪激动的要求，就达不到解决宿舍矛盾的预期效果，极易再次爆发宿舍矛盾。互联网时代背景下，学生受多元文化的影响，容易以自我为中心，面对矛盾只站在自己的立场和角度去看待问题，受到挫折不愿意倾诉，不想办法舒缓自己的心情。日积月累，哪怕是微乎其微的事情，学生自身固执的偏见所释放的负面力量都能转化为宿舍矛盾激化的导火索。因此，要顺利解决宿舍矛盾，就要全面调研找到矛盾源头，才能一步步梳理出问题所在。

3. 分析原因，妥善解决矛盾

通过调查了解，辅导员找到矛盾的根本所在，才能有的放矢地帮助小袁以及其宿舍分析具体原因，教育和引导小袁和其舍友正视矛盾，鼓励双方都做出调整，力争能够消除误解，和好如初。

4. 传授技巧，促进和谐关系

宿舍是大学生学习、生活的重要场所之一，宿舍关系是大学生人际关系的重要组成部分，大学生宿舍矛盾是高校学生在校生活的常见问题。辅导员要教给学生人际关系技巧，帮助学生学会与人和谐相处，营造良好的生活学习环境。

三、实施方法

1. 谈心谈话，了解矛盾根源

发生宿舍矛盾后，辅导员首先应该同小袁进行深入的交谈。通过交谈一方面能够帮助小袁纾解心情，另一方面可以帮助小袁梳理自己的思路，从自身找原因，发现解决矛盾的办法。辅导员应该同小袁舍友谈话，从其舍友的角度看待宿舍矛盾，全面了解问题的根源所在。同时，在谈话过程中，辅导员可以结合自身经历和经验，谈谈自己对于宿舍人际关系的看法。辅导员的亲身讲述能够让学生感同身受，缓解学生内心的排斥感，体会相同的人生感受，激起心灵上的共鸣，从而获得期待的谈话效果。

2. 同辈辅导，发挥班主任助理的教育和管理作用

相对辅导员而言，朋辈之间更能取得信任。由于班主任助理同学生的年龄相近，经历相似，班主任助理同学生之间接触得更多，因此，要充分发挥班主任助理的作用。每个新生班级都配备了两位班助，因此辅导员给两位班助分派任务，让她们分别多次找小袁谈心，进入小袁宿舍组织交流，让她们在自由、放松的环境下畅所欲言，更深入地展示自己的内心世界，充分地、无拘束地发表自己的意见，表达心里想法，化解矛盾。宿舍是舍友之间和谐、安宁的家，所谓“金无足赤，人无完人”，宽容、友爱对于建立和谐的宿舍有着深刻意义。班助的劝说让学生明白宿舍生活记录着笑容与烦恼，见证着朝气和执着，在微型“小社会”宿舍里，要以平和、平等的心态对待所有人，注意个人卫生和言行，严格遵守宿舍的规章制度，不搞“小团体”。

3. 召开“圆桌会议”，理清矛盾所在，重归于好

调解宿舍矛盾需要把宿舍全体成员召集在一起进行当面调解。辅导员将其宿舍全部召集在一起开诚布公地把事情说明白，打开个人心结。让学生讲述“我心中的室友”“寝室的故事”，以此来加强交流，增进感情。开展一对一谈话辅导，辅导员指出大家好的方面，引导其懂得换位思考，包容他人的不同生活习惯，懂得克制自己的冲动行为，做到共建文明、和谐的宿舍环

境。在谈话中,使学生意识到宿舍生活存在的问题,使其对大学集体生活有全新的理解,从而能够在心理上基本认同宿舍就是“家”的理念,对他们动之以情,晓之以理,导之以行。

4. 家校联动,成就自我

学生的成长道路上需要家长的陪伴和指引。辅导员主动联系了小袁的家长,建议家长经常同小袁进行视频或者电话联系,让学生感受到家庭的支持和温暖。家长也意识到关心和关怀对孩子成长的重要性,每天与小袁通话,开导小袁。同时,定期到校园看望小袁和她的舍友。

四、实施效果

经过辅导员的教育和引导,通过家长的支持和配合,小袁和舍友的矛盾得到充分化解,一切都冰释前嫌。同时,小袁和老师以及其他同学的人际关系也更加融洽和谐。

五、经验启示

人际关系指人们在社会生活中,通过相互认知、情感互动和交往而发展起来的人与人之间的相互关系,反映出人与人之间的心理距离。人际关系包含认知成分,这是因为我们通过对自己、他人、环境的认知来了解自己的人际关系状况;人际关系也包含情感成分,这是因为人际关系带给我们不同的情绪体验:分享的快乐、陪伴的温暖、背叛的痛苦、分离的焦虑等。

1. 人际交往的心理学理论

(1)社会交换论。作为西方社会学理论中的一个重要流派,把互惠、交换等经济学概念引入社会生活中,对于解释人们的互动行为具有深远的意义。社会交换论于20世纪60年代兴起于美国,进而在全球范围内广泛传播,是当代西方社会学理论流派之一,它强调对人和人的心理动机的研究,批判那种只从宏观的社会制度和社会结构或抽象的社会角色上去研究社会的做法;在方法论上倡导个人是社会学研究的根本原则;认为人类的相互交往和社会联合是一种相互的交换过程。社会交换论有四个基本命题:①成功命题:在一个人所做过的所有行动中,若其中某一特定行动经常得到酬赏,那么这个人就越愿意重复该行动。②刺激命题:如果一个人在过去对某一种或一组刺激做出的某一行动获得了报酬,那么,当类似于过去的那种刺激再发生时,这个人就有可能做出与过去相同或类似的行动。③价值命题:如果某种行动带来的结果对一个人越有价值,则这个人就越有可能做出该种行动。④失落—满足命题:某人在近期越是经常得到某一特定酬赏,则随后而来的同样酬赏对他的价值也就越低。

(2)三维理论。社会心理学家舒茨(W. Schutz)在1958年提出人际需要的三维理论。舒茨认为,每一个个体在人际互动过程中,都有三种基本的需要,即包容需要、支配需要和情感需要。这三种基本的人际需要决定了个体在人际交往中所采用的行为,以及如何描述、解释和预测他人行为。三种基本需要的形成与个体的早期成长经验密切相关。舒茨进一步根据三种基本的人际需要,以及个体在表现这三种基本人际需要时的主动性和被动性,将人的社会行为划分为六种人际关系的行为模式。

主动包容式:主动与他人交往,积极参与社会生活;

被动包容式:期待他人接纳自己,往往会产生退缩、孤独的心理;

主动支配式:喜欢控制他人,能运用权力;

被动支配式:期待被他人引导,愿意追随他人;

主动情感式:表现出对他人的喜爱、友善、同情、亲密;

被动情感式:对他人冷淡,负面情绪较重,但期待他人对自己亲密。

(3)PAC理论。PAC理论又称为相互作用分析理论、人格结构分析理论、交互作用分析、人际关系心理分析,由加拿大心理学家艾瑞克·伯恩(Eric Berne)于1964年在《人们玩的游戏》(*Game People Play*)一书中,提出了这个著名的理论。他将传统的理论加以提升创立了整套的PAC人格结构理论,是一种针对个人的成长和改变的有系统的心理治疗方法。无论人们是以坚决还是非坚决的方式相互影响,当一个人对另一个人做出回应时,存在一种社会交互作用。这种对人们之间的社会交互作用的研究叫交互作用分析。

这种分析理论认为，个体的个性是由三种比重不同的心理状态构成，这就是“父母”“成人”“儿童”状态。取这三个间的第一个英文字母，Parent（父母）、Adult（成人）、Child（儿童），所以简称人格结构的PAC分析。“P-A-C”理论把个人的“自我”划分为“父母”“成人”“儿童”三种状态，这三种状态在每个人身上都交互存在，也就是说这三者是构成人类多重天性的三部分。

“父母”状态以权威和优越感为标志，通常表现为统治、训斥、责骂等家长制作风。当一个人的人格结构中P成分占优势时，这种人的行为表现为凭主观印象办事，独断独行，滥用权威，这种人讲起话来总是“你应该……”“你不能……”“ 你必须……”。

“成人”状态表现为注重事实根据和善于进行客观理智的分析。这种人能从过去存储的经验中，估计各种可能性，然后做出决策。当一个人的人格结构中A成分占优势时，这种人的行为表现为：待人接物冷静，慎思明断，尊重别人。这种人讲起话来总是：“我个人的想法是……”

“儿童”状态像婴幼儿的冲动，表现为服从和任人摆布。一会儿逗人可爱，一会儿乱发脾气。当一个人的人格结构中C成分占优势时，其行为表现为遇事畏缩，感情用事，喜怒无常，不加考虑。这种人讲起话来总是“我猜想……”“我不知道……”。根据PAC分析，人与人相互作用时的心理状态有时是平行的，如父母—父母，成人—成人，儿童—儿童。在这种情况下，对话会无限制地继续下去。如果遇到相互交叉作用，出现父母—成人，父母—儿童，成人—儿童状态，人际交流就会受到影响，信息沟通就会出现中断。最理想的相互作用是成人刺激—成人反应。

2. 人际交往的心理学效应

（1）首因效应。首因效应由美国心理学家洛钦斯首先提出，也叫首次效应、优先效应或第一印象效应，指交往双方形成的第一次印象对今后交往关系的影响，也即“先入为主”带来的效果。虽然这些第一印象并非总是正确的，但却是最鲜明、最牢固的，并且决定着以后双方交往的进程。如果一个人在初次见面时给人留下良好的印象，那么人们就愿意和他接近，彼此也能较快地取得相互了解，并会影响人们对他以后一系列行为和表现的解释。反之，对于一个初次见面就引起对方反感的人，即使由于各种原因难以避免与之接触，人们也会对之很冷淡，在极端的情况下，甚至会在心理上和实际行为中与之产生对抗状态。

(2)近因效应。近因效应是指最新出现的刺激物促使印象形成的心理效果。1957年，心理学家A.卢琴斯根据实验首次提出。实验证明，在有两个或两个以上意义不同的刺激物依次出现的场合，印象形成的决定因素是后来新出现的刺激物。例如介绍一个人，前面先讲他的优点，接着“但是”，讲了许多缺点，那么后面的话对印象形成产生的效果就属于近因效应。当沟通者提出两个以上不同的论据(刺激物)时，认知者产生首因效应还是近因效应？1960年，心理学家J.怀斯纳的实验证明，这时取决于认知者的价值观念，首因效应和近因效应依附于主体价值选择和评价。如果提出的论据不是当场依次提出，而是间隔了较长时间，那么近因效应发生的几率则更大些。1964年，心理学家C.梅约和W.克劳克特的实验进一步证明，认知结构简单的人，容易出现近因效应；认知结构复杂的人，容易出现首因效应。有关的学者还指出，认知者在与熟人交往时，近因效应起较大作用；与陌生人交往时，首因效应起较大作用。

(3)晕轮效应。晕轮效应又称成见效应、光圈效应等，指人们在交往认知中，对方的某个特别突出的特点、品质就会掩盖人们对对方的其他品质和特点的正确了解。这种错觉现象，心理学中称之为“晕轮效应”。美国心理学家H.凯利、S.E.阿希等人在印象形成实验中证实了这一效应的存在。晕轮效应除了与人们掌握对方的信息太少有关外，主要还是个人主观推断的泛化、扩张和定势的结果。它往往容易形成人的成见或偏见，产生不良的后果。故在人才选拔、任用和考评过程中应谨防这种倾向发生。

(4)刻板印象。刻板印象主要是指人们对某个事物或物体形成的一种概括固定的看法，并把这种观点看法推而广之，认为这个事物或者整体都具有该特征，而忽视个体差异。

(5)定势效应。定势效应是指有准备的心理状态能影响后继活动的趋向、程度以及方式。

(6)投射效应。投射效应是指将自己的特点归因到其他人身上的倾向。人在认知和对他人形成印象时，以为他人也具备与自己相似的特性的现象，把自己的感情、意志、特性投射到他人身上并强加于人,即推己及人的认知障碍。比如,一个心地善良的人会以为别人都是善良的;一个经常算计别人的人就会觉得别人也在算计他;等等。投射使人们倾向于按照自己是什么样的人来知觉他人,而不是按照被观察者的真实情况进行知觉。当观察者与观察对象十分相像时,观察者会很准确,但这并不是因为他们的知觉准确,而是因为此时的被观察者与自己相似。因此,导致了他们的发现是正确的。

(7)登门槛效应。登门槛效应又称得寸进尺效应,是指一个人一旦接受了他人的一个微不足道的要求,为了避免认知上的不协调,或想给他人留下前后一致的印象,就有可能接受更大的要求。

(8)增减效应。人们最喜欢那些对自己的喜欢显得不断增加的人,最不喜欢那些对自己的喜欢显得不断减少的人,心理学家将人际交往中的这种现象称为"增减效应"。

3. 人际交往的黄金法则

(1)学会积极倾听。积极倾听,是指要听到、听懂,更要真正理解对方所表达的情感和感受,这样才能够把握对方要表达的、有意义的信息;积极倾听,要对对方的话有所回应,不要随意打断别人的话;如果不想继续对方所说的话题,可以巧妙地转移话题。

(2)善用非语言艺术。人际沟通只有约7%是借助语言来进行的,另外93%是通过非语言信息来进行的,其中38%取决于声调等,55%依赖肢体动作;非语言沟通比语言沟通更能反映一个人的真实情况;留心观察和总结别人的声音、面部表情和身体语言等非言语信息的意义,更要了解自己的非言语信息的特点。

(3)提高共情能力。共情能力是指能够理解别人的想法、感受,并将这种理解和体会反馈给对方的能力。

(4)多加赞美。"人性中最深刻的禀赋是被人赏识的渴望。"我们每个人都希望得到他人的关注和肯定,而在人际交往中学会欣赏别人,刚好可以满足人们的这种心理需要;要善于发掘他人的闪光点,让对方感受到你对他的真正欣赏;赞美他人时要真诚,具体到事情,切忌夸大其词、虚伪做作。

(5)不做“老好人”。老好人总是把他人的需求摆在第一位,并致力于满足别人。他们似乎始终在争取周围每个人的认可和喜爱,努力让每个人都高兴。成熟的人际交往,要打破下意识说“行”的习惯,学习说“不”,要重视照顾自己,学会认可自己。

第二节　不翼而飞的300元

一、案例简述

小宁是一名大一学生,性格比较外向,同宿舍其他成员的关系也比较融洽。最近,小宁的舍友小林找到辅导员,说小林在宿舍里丢了300元,怀疑是小宁所为。理由是小宁性格虽然很好,也很仗义,但是她的日常生活习惯不是很好,小宁平时会偷偷使用别人的物品,比如化妆品、卫生纸等。小林说出门前明明将自己的化妆品放在了固定的位置,回来后发现化妆品的盖子没有扣好,摆放的位置也发生了变化,有的时候小林和小宁在宿舍的时候,小林发现小宁会使用其他舍友的纸巾、卫生纸等情况,这种事情发生了不止一次了,显然小宁喜欢随意动别人的东西。最近,小宁说想要去听某歌星的演唱会,但是门票很贵,家庭经济条件不是很好的小宁一直非常郁闷。小林准备给妈妈购买礼品,就把300元放在枕头下面,但是第二天就发现钱不见了。小宁的床铺就在小林的斜上方,小林在放钱的时候,小宁很容易就会察觉和发现。

二、解决思路

1. 了解学生诉求,及时解决学生问题

一方面,辅导员应该多方调查,及时行动,帮助小林解决问题;另一方面,辅导员要了解小林的诉求,在对事件处理的过程中做到有的放矢。

2. 全面调查,掌握事情的真相

辅导员要通过班长、团支书等主要学生干部了解小宁、小林以及其所在宿舍的整体情况;要和小宁、小林以及其舍友进行分别谈话,通过谈话,进一步发现事情的真相。

3. 妥善解决,正确教育学生,增进宿舍友谊

教育的目的,是培养学生,不是简单的惩罚学生。要根据学生的性格特点,根据事情的轻重缓急,妥善处理。

三、实施方法

1. 一对一谈话,了解事情的真相

通过与小宁的班长、团支书谈话得知,小宁在班级内比较活跃,对班级的同学也比较友善,参加班级以及学院等公益活动也比较积极,整体表现尚可。通过与小宁的舍友交谈,辅导员得知小宁在宿舍的人缘还不错,虽然有时候会使用舍友的小物品,但是不会去使用贵重物品。当舍友有困难的时候,小宁也会主动提出帮助。小宁的家庭经济条件不是很好,是个单亲家庭,小宁很喜欢那个歌星,一直搜集歌星的相关专辑和物品,最近该歌星要在相邻城市召开演唱会,她很想参加,但是她又确实不愿意让母亲承担这个费用。发生这个事情,小林只能怀疑是小宁所为,但是无法确定是她。

2. 召开宿舍圆桌会议,鼓励小宁主动归还

由于无法确定宿舍内谁是盗窃者,只能通过小林的直觉判断是小宁拿走了300元,没有充足的证据,作为辅导员,不应该直接去找小宁要求归还。于是,辅导员召集整体宿舍开会。告知小林丢失300元的事实,同时告知全体宿舍辅导员的判断:一是丢失的300元第一天放在枕头下面,第二天就丢失了,只能说明是本宿舍的成员所为;二是盗窃对于一个大学生来讲是一件极不光彩的事情,不管是什么原因,都不能偷盗别人财物。现代技术侦查手段非常先进,请拿走300元的同学尽快归还,不再追究,否则,将从重处理。三是提醒宿舍成员,辅导员这样做的目的是保护学生,维护一时犯错的同学的尊严,希望拿钱的同学能够明白辅导员的良苦用心,尽早归还。

3. 及时教育,促进宿舍人际关系

宿舍圆桌会议结束之后,辅导员接到小林的电话:钱找到了,是小宁在小林床下的脸盆中发现的。当时宿舍还有别人,小宁大喊,哎呀,你看,你脸盆里有东西。小林告知辅导员,应该是小宁所为。既然归还了现金,为了避免学生再次发生盗窃行为,也为了促进宿舍人际关系,辅导员同该宿舍全体成员进行了谈话,教育学生盗窃的危害,同时,告知宿舍成员,要有宽容的意识,同学拿钱,可能是出于冲动,或者真的需要,如果学生已经意识到错误,并且不再发生这种行为,作为舍友和同学应该宽容和原谅,不应该排挤和怀疑,要形成团结、和谐的宿舍人际关系。

四、实施效果

(1)通过这次事件,小宁得到了教训,在大学期间没有发生类似的行为;由于充分维护了小宁的自尊,小宁一直严格要求自己,乐于助人、勤奋学习,毕业时顺利考取了研究生。

(2)通过教育和引导,宿舍成员能够包容小宁的错误,小宁所在宿舍的人际关系比较融洽。

五、经验启示

(一)案例反思

在处理该事件上,我们可以看出学生的安全防范意识以及法律意识比较淡薄,且加强学生心理健康教育是迫切需要的。失窃学生对于自身的贵重物品没有妥善保管,将现金随手放置在枕头下,对他人并没有什么戒备心理,让他人有机可乘。其次,小宁将舍友的现金"拿"走,法律意识比较淡薄,没有意识到这已经触犯到法律。

(二)工作启示

从案例中可见,高校及辅导员需要加强大学生的心理健康教育、安全防范意识、法律意识、日常管理等。

1. 加强学生的心理健康教育

心理健康教育对大学生的成长成才起到重要的作用。首先,辅导员应该给每一位学生建立心理健康档案,及早发现问题,及时解决,促进大学生的心理健康发展,引导学生树立正确的世界观、人生观、价值观。其次,心理健康教育与课堂教育相融合,教师在传授知识的同时,也要注重心理健康教育。

2. 加强学生安全防范意识

高校中发生许多盗窃案件都是与学生的安全意识薄弱有关。一方面,高校要通过入学教育以及日常安全教育加强学生的安全意识,让其在思想上树立安全意识。例如在宿舍楼内设安全标语、安全指示牌、宣传栏等;定期举办安全知识方面的讲座。要教育学生"害人之心不可有,防人之心不可无"。另一方面,要提升学生自我防盗意识,养成良好的生活习惯,例如离开宿舍就关好门窗,锁好自己的贵重物品。

3. 加强学生的法律意识

高校要着力加强法治宣传教育的广度和深度。开设相关的法治教育课程,且还应开展丰富多彩的法治教育活动。例如:结合现代法治社会特点,邀请相关的社会法律工作者以及高校所在地公检法机关的工作人员,通过对新近发生的具体案例的分析,结合社会实际和大学生的特点,有针对性、时效性地开展法律知识讲座。意在通过真实的社会案例让学生设身处地地用自己掌握的法律知识,自觉用法律的精神去分析问题和解决问题。还可举办法律知识竞赛、开办模拟法庭等,从而有效培养学生的法律意识和法治观念,做好大学生的犯罪预防工作。

4. 深入学生宿舍,了解掌握学生的思想动态

辅导员、班主任要经常深入学生宿舍,了解掌握学生的思想动态,加强对学生宿舍的管理。同时也要发挥班委、党员的作用,做好信息的收集,及时汇报,这样对开展学生工作会更有针对性。

5. 多部门联合,加强宿舍安全管理

对于学生宿舍内部发生盗窃案件的情况,高校学生处、保卫科、宿管科等多部门联合管理,编写、印发《学生宿舍安全须知》,在新生入学教育时下发给每一位学生,安排时间共同学习。这对刚踏入大学的新生来说,这一针

"强心剂",让他们明白安全防范意识的重要性,学校维护学生宿舍安全的同时,学生也应当履行安全保护自身财产的义务。

第三节　舍友变成"炸药包"

一、案例简述

小双、小琳、小美住在同一个宿舍。一天下午,舍长小双气冲冲地联系辅导员,反映舍友小琳性格古怪,平时看上去沉闷不说话,但是莫名其妙发怒,一生气就大声敲桌子、用力甩门,吓得舍友们战战兢兢。为避免小琳生气,舍友们只能小心翼翼地生活,搞得整个宿舍都相当压抑沉闷。由于今天学院例行检查宿舍卫生,书桌上不能摆有杂物,否则整个宿舍成员都要扣分。打扫宿舍卫生时,小美看到小琳书桌上还有没吃完的饭,为避免检查扣分,小美与小琳打过招呼后就把外卖放到了宿舍门口,当时小琳也没有制止。在检查卫生结束后,小琳在宿舍大骂小美擅自扔她的外卖,小美非常委屈与气愤。长期积累的矛盾一下子爆发,双方激烈地争吵起来。小双劝架许久才平息了这次纷争。经这次争吵后,宿舍成员都觉得委屈难受,不愿意再像之前那样妥协、压抑地过日子,因此,小双和小美强烈希望辅导员能把小琳调离宿舍。

二、解决思路

辅导员在处理学生宿舍矛盾时,应该认真倾听矛盾双方的想法,并从其他同学、老师处侧面了解矛盾双方的基本情况,在此基础上对矛盾原因做出判断并制定解决措施。

1. 联系主要班干部,全面掌握宿舍整体情况

要通过班长、团支书、班委等主要学生干部,了解宿舍成员的学习、生活、性格、矛盾等情况。从交谈中得知,小琳性格内向,腼腆寡言,上课规矩,有些孤僻，但不像是脾气暴躁的人。小双、小美性格鲜明，小双心气高，小美热情随和，两人做事讲究，相处较好，小琳反而像是被宿舍孤立的边缘人。

2. 单独谈话，深入挖掘矛盾根源

辅导员同小双、小琳、小美三人进行了单独谈话。通过进一步交谈得知，小琳来自农村，家庭经济条件差，父母常年在外务工，从小留守在家，性格内向，不善言辞，思考问题以自我为中心，缺乏换位思考意识。在宿舍生活中，小琳感受到自己被舍友孤立排挤，在矛盾产生时，不知道该如何与舍友沟通交流，只能以摔门、敲桌子等方式来表现自己的不满与气愤，导致误解越积越深，争吵越来越多。在这次事件里，小琳以沉默来抗拒小美的询问，不满小美不尊重她的想法就擅自把外卖扔到门外，认为自己的尊严被践踏，自己的存在被忽视，因此很生气。小双、小美，皆为独生子女，两人性格相似，相处融洽。刚入校时，三人相处关系较好，但随着生活摩擦的增多，小双与小美越来越亲密，与小琳越来越疏远。虽然这是无意行为，但确实形成了对小琳的孤立。这次的扔外卖事件是长期积怨爆发的导火索，小美习惯性地将小琳的沉默视为默许，认为自己为宿舍全员着想却被小琳无故发难，内心委屈，加之以往矛盾涌上心头，因而也愤愤不平。

3. 明确矛盾根源，对症下药

通过调研，明确了问题的根源：①学生以自我为中心，缺乏换位思考。“95 后”学生的普遍性格特征是个性张扬、自我中心、随心随性，容易从自己的立场出发，用自己的思维模式来思考他人想法，一旦发生摩擦，各说各理，坚持己见，互不退让。②性格差异大，缺乏深入交流。身为“网生代”的 95 后，习惯把现实关系活成网友关系，同住不说话、点赞不聊天、记得住昵称却不熟悉脸，甚至尺寸之地也要用“床帘”隔出私密空间。在网络中他们肆意张扬，在现实中他们惜字如金，找不到契机交流，用沉默包裹自己。

三、实施方法

1. 运用“共情”打开学生心扉

教育的难事在于将自己的思想装进学生的脑袋，教育学生需要掌握一

定的谈话技巧。在处理本案例时，借助心理学中常用咨询技能之一“共情”来打开学生的心扉。在与学生交谈时，设身处地地理解学生的想法，把握学生的内心世界，不时地用“我曾经也是学生，也经历过宿舍矛盾，所以我能理解你的想法”“我能体会你的感受”等话语突破学生心理屏障，让学生感到自己是被理解、接纳的，从而促进良好咨询关系的建立，使学生愿意倾诉内心想法，也愿意听取老师建议。

2. 引导学生学会“换位思考”

以朋友的身份与学生平等交流，让学生感受到充分的尊重，进一步拉近与学生的心理距离。同时，引导学生认清“以自我为中心”的弊端，明白换位思考的重要性，学会尊重他人、理解他人，做到己所不欲勿施于人。在此案例中，对矛盾双方分别进行单独谈话，引导学生从对方的性格、生活环境、成长经历等方面理解对方的所作所为所思所虑，了解对方产生不满情绪的原因，同时反思自己在宿舍人际交往中存在的问题。

3. 根据性格差异合理安排宿舍

学校为方便管理，在新生入学时，统一分配宿舍，缺乏个性管理，因此造成新生入学后由于性格差异大而宿舍矛盾频发的现象。学生管理工作中应尊重学生的个性发展，因势利导，因材施教，对于学生性格差异较大的情况，适当对宿舍进行调整。

4. 开展团体辅导促进学生交流

开展以大学适应、人际关系、团结协作、网络依赖为主题的团体辅导活动。通过活动，帮助学生摆脱网络依赖、打破心理篱笆、适应现实人际交往、学会信赖他人、在生活中团结协作。

四、实施效果

(1)通过教育，学生认识到自身存在的问题，在考虑问题时适当考虑别人的感受和处境，学会换位思考。

(2)将小琳调换到另一个宿舍，由于小琳有了调换宿舍的经历，在跟新舍友交往时及时通过恰当的方式与舍友沟通，新宿舍的人际关系较为融洽。

五、经验启示

1. 兼听则明，偏信则暗

宿舍是学生出门在外的第二个"家"，也是不同的思想、性格、生活习性相互碰撞与融合的地方。学生宿舍矛盾往往在日积月累中爆发，其原因复杂，时间跨度长，牵扯事件多，不能仅听一家之言、仅凭一时之事就一概而论谁对谁错。所以在处理学生宿舍矛盾时，辅导员应做到公平公正，认真倾听多方声音，掌握当事人的真实想法，

最后综合多方信息，客观地、全面地、动态地分析和判断矛盾的源头，努力从源头上化解矛盾。

2. 引导比说教更有效

矛盾的产生，一般当事双方都有做得不到位的地方，但是学生容易只盯着对方的错误不放，而忽视了自身存在的问题，一旦发生冲突就相互指责相互抱怨。即使辅导员说教使学生知道自己有错，但是并非学生真的明白错在哪里，所以矛盾容易反复出现。作为辅导员，不仅要帮助学生化解眼前的矛盾，更要引导学生换位思考，用不同的视角发现矛盾的另一面，体会对方的想法与心情，从而找出矛盾的根源，帮助学生知其错并知其所以错，避免发生类似问题。

3. 积极沟通，构建良好人际关系

宿舍矛盾大部分是由于相互不理解和沟通不到位引发的。高校学生来自祖国的四面八方，由于地域文化差异、环境差异、性格差异等原因导致每位学生的思想观念不同，反映在生活中就是生活习惯与为人处世方面的差异。只有多沟通，勤交流，才能更好地理解对方的行为与思想，构筑和谐的宿舍人际关系。因此，在处理宿舍矛盾时，辅导员除了教会学生换位思考之外，还应积极鼓励学生主动沟通交流。

4. 求同存异，和谐共生

学生不同的个性在宿舍这个小集体中容易引发冲突，若在解决矛盾时一味地以集体共生为主，压制学生个性发展，这将会为今后更大的矛盾埋下

隐患，也不利于学生身心健康发展。宿舍相处，应寻求共通之处，保存有差别的地方，在宽容中求同，在尊重中存异，相互学习，取长补短，共同进步，各成其才。

第四节 分手亦是朋友

一、案例简述

小雪是个文静、内向的女生，入学时对班级一名阳光、外向的男生小李产生了好感，并跟该男生确定了恋爱关系。小雪对男生体贴周到、关心备至，将男生视为自己的全部，但是男生有其他的想法，谈恋爱不久，男生就以两人性格不合为由提出分手。小雪非常意外和伤心，她主动去找男生要求和好，男生态度很坚决。小雪恼羞成怒，某次因为小矛盾在班级中大骂男生，并且在班级活动中坚决回避男生，小雪和男生都在背后攻击对方，两人关系恶劣。班级学生干部找到辅导员，从班集体团结和个人心理健康两个方面，建议辅导员对小雪和其前男友做一下教育和引导工作。

二、解决思路

1. 敞开心扉，找到小雪行为和思想的根源

这个案例中，小雪本人并不是不讲道理、无理取闹的学生。小雪一反常态，同前男友大吵一架，说明小雪对这段感情还没有完全释怀，要理解小雪，帮助小雪反思，找到其不恰当行为和思想的根源，从而更好地解决问题。

2. 建立信任，帮助小雪处理负面情绪

和小雪进一步交流，辅导员要站在小雪的角度，理解小雪的感受，让小雪感觉到自己是被老师所理解和接纳的，可以以“这样的一段经历让你很痛苦，此时你内心很复杂吧”“你的前男友那样做让你感觉很失望、很委屈，如

果你愿意,你可以跟老师谈谈你们的经历”等话题找到和小雪的情感共同点,让她敞开心扉,引导倾诉,耐心倾听,并进行合理的宣泄,帮助她舒缓压抑的情绪,平复心情,让她感受到老师的心理支持和安慰,就是对失恋学生最及时地帮助。

3. 总结反思,帮助小雪重塑自我

辅导员要帮助小雪权衡利弊,指导小雪从失恋的痛苦中走出来,将失恋的经历作为自己的历练,努力提升自身,努力扩充自己的朋友圈,让自己更加出色。

三、实施方法

1. 与小雪谈心谈话,了解小雪的思想和行为根源

辅导员同小雪进行了第一次谈话,了解到小雪对该男生还有好感,分手让小雪感到很不舍、很愤怒,自己不知道该如何同男生和好如初,忍不住就在教室中和他大吵一架。辅导员对小雪吵架的行为进行了批评教育,教育和引导小雪要用合适的方式去处理。告知小雪在公共场合不能做出这样的行为,扰乱正常的晚自习秩序,打扰了别人的正常学习。

2. 建立信任,帮助小雪处理负面情绪

辅导员同小雪进行了进一步的交流,同第一次谈话相比,小雪平静多了。辅导员从几个问题入手,启发小雪思考,这几个问题包括:小李有哪些地方吸引她;和小李在一起,小雪获得了什么。小雪说小李的性格很吸引自己,和小李在一起,自己感到非常自由、舒畅,还能提升自身的学习动力,在一定程度上起到积极作用。小雪认为谈恋爱对自己没有什么坏处,很享受这个过程,但是小李感觉跟她在一起耽误学习,性格不合适,所以提出分手。小雪就感到非常不理解,很苦恼。

3. 帮助学生权衡利弊,了解自己的情感需求

辅导员启发小雪,让小雪想一想,自己同小李交往虽然也很甜蜜,但是在这段感情中,自己有没有失去的事情?小雪想了想,说自己沉浸在同小李的交往中,渐渐地没有了自己的规划,没有朋友,生活中似乎只有小李一个人了。通过这段谈话，辅导员发现小雪逐渐把自己依附在小李身上，放弃了自己的独立价值，自我价值感比较弱。而且，通过其他渠道了解到，小雪的学习成绩在班级并不靠前，而且她的家庭经济条件也不是很好，父母的文化层次比较低，小雪发生一些事情之后，家长第一反应不是了解情况而是责骂孩子，小雪的自我存在感比较低。小李的关注和爱慕，正好填补了她被认同以及建立情感联结的需求，当小李离开时，小雪感到自我价值重新被否定，所以内心非常沮丧和低落。

4. 教授方法，指导小雪重塑自我

辅导员帮助小雪重新评估和审视与小李的关系，辅导员让小雪抽时间静下来想一想对小李的依恋，是源自对爱情的向往，还是小李真的吸引她。辅导员通过这种方式，澄清小雪内心对小李的感受。辅导员多次引导小雪记录自己的巅峰时刻，回想和反思超越自己的经历，让小雪提升自信心，提高自我价值感。此外，辅导员鼓励小雪尝试敞开心扉，多同其他同学友好相处。辅导员教授给小雪人际交往的技巧，让她拉近与其他人的距离，结交到知心朋友。

四、实施效果

（1）小雪很快从失恋的阴影中走出来，性格变得活泼、开朗多了。

（2）小雪学会了人际交往的技巧，在大学期间有了稳定的朋友，人缘也不错，学习成绩也有了很明显的提升。

五、经验启示

1. 主动关心关爱学生的成长，真正走近学生

要精确掌握每一位学生的思想状况和学习、情感、生活的状态，对学生的基本情况要熟悉清楚，需要辅导员不断走近学生，主动提升为学生服务的热情和能力，关爱学生在成长过程中的热点、焦点和难点问题，采取合适的方式和学生多交流、多沟通、多联系，建立良好的师生关系，加大心理健康教

育、挫折教育、励志教育、纪律教育等,将思想政治教育和解决实际问题相结合,成为学生最信任和信赖的人。

2. 树立正确的大学恋爱观,积极面对爱情

帮助青年大学生树立正确的恋爱观,通过主题班会、团体辅导、小组讨论等告知同学们恋爱对于每个人都是难忘的,恋爱中的关心体贴、互帮互助和激励安慰会让每个人都体会恋爱的美好,不要由于从众才去恋爱,不要只为了恋爱而去谈恋爱,也不要只为了简单的生理需求或者心理需求就去盲目地恋爱,两个人在一起就要一起努力,共同向上,失恋学生要能够明白,爱情固然重要,但并不是生活的全部,失恋也有着其独特的积极意义,能避免以后的婚姻失败,能增长阅历和耐挫能力,能认识自我的爱情观,能让人学会珍惜、尊重和宽容等。

3. 合理设计谈心谈话方案,助力能力提升

辅导员不断提升学习心理学相关知识和解决问题的能力,要在与学生交流中产生共情,合理运用心理学有关知识,充分理解学生处境,让学生明白失恋也是人生中的一种成长,积极开导学生。更要善于结合学生性格、家庭情况、学习情况、人际关系等因素综合设计谈心谈话方案,有针对性地给学生提供几条走出失恋状态的方法和建议,引导学生把注意力放到学习中来,学会思维转移,把失恋的痛苦升华为学习中奋发向上的一种动力。辅导员在具体问题的解决过程中,保持身心健康,积极实践探索,努力提升职业能力的效能,提升解决问题的效果。

第五节　甜蜜的苦恼

一、案例简述

最近,班长小王向辅导员反映,舍友小尹最近非常苦恼,在宿舍里会出去打电话,很久不回宿舍。有时候会莫名发脾气,问她原因,小尹却说没什

么事。小王主动同小尹沟通,小尹说自己和男友的关系出了点问题,感觉男友不像刚开始的时候那么关心她,那么爱慕她了,自己不知道这种情况是不是正常,所以非常苦恼。小王没有谈过恋爱,不知道该如何安慰她。小王希望辅导员能够帮助小尹,解除小尹的烦恼。

二、解决思路

1. 多方调研,了解情况

辅导员应该多方调研,了解小尹本人的情况。通过多方调研,掌握小尹思想和行为现状,发现问题的根源。全面信息的掌握,对于顺利解决问题有很大帮助。

2. 细致沟通,提供帮助

辅导员应该同小尹本人进行谈话,一方面了解小尹的精神面貌和思想状况,另一方面深入了解小尹的苦恼。同小尹本人谈话,有助于帮助小尹直面自己的困难,有助于辅导员协助小尹顺利走出困境。

3. 后期反馈,确保顺利

辅导员要及时通过班长、舍友等同学的反馈,掌握和了解小尹的具体情况,根据小尹的状况开展下一步的帮扶工作。

三、实施方法

1. 逐一同小尹的舍友谈话,掌握小尹的整体情况

小王反映说小尹出现了困扰,如果得不到干预,不利于小尹的成长,辅导员要及时进行帮助和指导。同时,辅导员要了解小尹的整体状况,根据小尹的情况,做出正确的教育和引导方案。辅导员逐一同舍友谈话,发现小尹的主要原因是跟男友谈恋爱遇到问题,据舍友反映,小尹的饮食和睡眠同之前没有多大的差别,小尹大部分时间还是比较愉悦、平和的,小尹的反常应该同其男友有关。

2. 同小尹本人进行沟通，主动提供帮助

辅导员同小尹进行了详细的谈心谈话，让小尹感受到辅导员的关心与关爱。在辅导员的真诚面前，小尹向辅导员坦白了自己的苦恼。原来，小尹和男朋友刚刚建立关系不久，刚开始恋爱的时候，小尹感到男朋友对自己呵护备至，两个人行动和思想都很容易一致起来。但是，最近一段时间，两个人总是出现矛盾，她感觉男友不像自己想象中的那么爱她，她对恋爱产生了怀疑。但是，跟男友之间确实有着感情，分手又有点不舍。她不知道怎么办才好。辅导员结合自己的心理学知识以及人生经验，指出小尹所处的恋爱阶段，给小尹进行了明确的指导。

3. 及时反馈，确保帮扶有效

在同辅导员的多次交谈中，小尹从辅导员这里得到了许多问题的答案，看上去有所启发。为了确保教育效果，辅导员要求班长小王以及小尹的舍友关心和关注小尹的情绪，及时向辅导员老师进行反馈，确保教育的效果。

四、实施效果

(1)小尹的情绪明显好转，虽然和男友还会有些争吵和冲突，但是小尹能够正确看待同男友的感情，不再茫然失措，情绪失控。

(2)小尹同男友的关系明显好转，两个人在学习上互相督促，在生活上互相扶持，能够正确处理学习和恋爱的关系。

五、经验启示

大多数恋人都有这种经历：两个人相识、相恋，最初都有一段“情人眼里出西施”的相处时光。在这段日子里，由于人体内爱情兴奋剂(多巴胺、苯乙胺等神经递质)的分泌，两个人完全沉醉在恋爱的幸福之中，眼里的彼此是那么“可心儿”：优点无限放大，缺点视而不见。但很遗憾，随着时间的推移，这些神经递质不会总保持在高位，分泌水平会逐渐下降。于是理性回归，情侣间爆发出各种问题，两个人开始进入新的相处阶段：恋爱磨合期。

两个来自不同的家庭与生活背景的人,一定有很多不同的地方。亲密关系初期,一方面神经递质的分泌令我们神魂颠倒、理智出走,另一方面双方都会有意无意地展现出自己最好的一面。而进入磨合期以后,爱情归于平淡,当我们用理性面对真实的并不完美的人,不可避免就会产生摩擦、失望甚至是幻灭。进入恋爱磨合期,需要掌握几点策略:

1. 不奢望改变

"如果你爱我,就要为我改变;因为我爱你,我可以为你改变"——这是误区。性格特征受到遗传、环境、接受的教育等等多方面的长期影响,是非常稳定的存在。俗话说"江山易改,本性难移"就是这个意思。不要把有限的生命投入无限的改变中去,既不要指望对方为自己改变性格,也不要委曲求全,想着自己为对方改变。

2. 接受平淡

爱情不会永远像开始时那么轰轰烈烈,激情慢慢退去,关系归于平淡,这是一个自然的过程。你可能会觉得对方不像开始时那么完美,但世界上根本就没有完美的人,最初的完美也只是自己心中的"幻像"。我们要学会与身边这个真实的另一半发展出温暖的、彼此依赖、紧密相连的亲密关系。

3. 换个角度看问题

在"缺点"中寻找闪光点,很多特质并没有绝对的好与不好,只是行事风格不同而已。比如急脾气的你遇到了慢吞吞的他,那么不妨也试着让自己慢一点,换个角度看待世界,去感受生活中的悠闲。

4. 充分交流

很多情侣总期待着"我未说的你已全懂",这是可遇而不可求的理想状态。要直接表达自己的需求,切忌猜来猜去,低效且无用。我们追求的默契大多是经过双方长期的深入了解、充分沟通而逐渐形成的。

5. 正确处理冲突

不要回避争吵,吵架并非毫无裨益,甚至可以在某种意义上被称为"疯狂的交流"。要带着信任和积极的态度去争吵,以解决问题、更好的相处为目标,而不是口不择言、互相伤害。根据《非暴力沟通》中讲述的原则,我们表达不满时,要注意以下几点:

(1)要谈事实,不说评判。例如:对方忘记了纪念日,那就直接描述事实"你忘记了咱们的纪念日",而不要去评判"你根本就不在乎我"。对方总是晚起,那就直接说"你总是很晚才起床",而不是评判"你太懒了"。

(2)学会表达感受。处理冲突时,要区分想法和感受。要表达感受,示弱有助于解决冲突。例如:当对方说了过分的话,不要说"我觉得你不爱我"(想法),要说"你这么说,我很难过"(感受)。

(3)体会感受和需要。当听到了不中听的话,不要止步于负面情绪,要充分聆听,探究自己和对方的感受和需要。批评往往暗含着期待。例如:"听到你大吼大叫,我感到很害怕,因为我希望咱们可以好好说话"(表达自己的感受和需要)。对方下班总是很晚,不要说"你觉得工作比我重要",而要表达"我希望你可以多陪陪我,因为我需要你"(我的期待)。

6. 学会适应与包容

每个人都有自己不愿被冒犯的"点",我们要在相处过程中,摸索出对方的底线,避免碰触。相处过程中,还有一个常见的现象:自我感觉付出很多,对方却不领情。这是因为付出与需求不匹配。我给予的恰好是你想要的,才是有效的付出,不要只是自我感动,导致受害者心态。当两个人度过了恋爱磨合期,将进入恋爱稳定期。很多看起来"天造地设的一对",只是体现了我们对爱情的美好向往,现实中很难碰到"刚刚好"的爱情,看起来美满的关系,都是双方磨合、经营的结果。

第六节　"发展型"资助工作体系的构建

一、案例简述

我国资助政策逐步完善,从制度上保障了"不让一个学生因家庭经济困难而失学"。但是,随着资助育人理念不断更新、互联网技术的迅猛发展、新的学生群体步入校园等新形势出现,资助育人工作面临新的机遇和新的挑战。党和国家、政府对高校资助工作也提出了新的要求。教育部原副部长杜玉波在高校资助育人工作座谈会上指出：我国已经建立起覆盖从学前教育到研究生教育的国家资助政策体系，从制度上保障了“不让一个学生因家庭经济困难而失学”。在当前推进教育改革和国家脱贫攻坚战略的新形势、新任务、新要求下，学生资助工作的重点是：精准资助和资助育人。要紧紧围绕“立德树人”这一根本任务，将培养青年学生全面发展作为资助育人工作的目标，抓住“一个核心”——培育和践行社会主义核心价值观，强化学生“两项能力”——创新精神和实践能力，加强“三类教育”——励志教育、诚信教育和社会责任感教育，培养学生四种品质——自立自强、诚实守信、知恩感恩、勇于担当。

我院现有的师范专业学生中家庭经济困难的学生所占比例较高，部分班级家庭经济困难学生占到全班总人数的30%以上。家庭经济困难学生的资助实效性是辅导员面临的重要课题之一。

二、解决思路

家庭经济困难学生是高校中特殊的学生群体，受家庭经济压力、学业压力、就业压力、朋辈压力、自我认知偏差等因素影响，不仅需要经济资助，同时需要学业、精神和心理帮扶，因此，在实施经济补助的同时将“育人使命”贯穿到资助过程的全过程，把社会主义核心价值观融入受助学生的教育之中，促进学生全面发展，努力构建发展型资助工作体系。

三、实施方法

积极推动保障型资助向发展型资助工作模式转变，根据学院每一名家庭经济困难学生的困难原因、困难程度和心理特征等特点和不同，积极探索经济资助、心理辅导、精神帮扶、学业指导、能力提升“五位一体”的发展型资助体系。

1. 构建经济资助体系

家庭经济困难学生认定是落实经济资助工作的前提。因此，构建精准的经济资助体系必须建立健全四级资助认定工作机制,采用家访、大数据分析和谈心谈话等方式,合理确定认定标准,建立家庭经济困难学生档案,实施动态管理。学院成立了由学院领导为组长的认定工作小组,对家庭经济困难学生认定制定明确具体的程序:学生申请—民主评议—学院审核—公示,为保证数据的准确性,学院及时更新困难学生数据库,实现对贫困学生信息的网络化动态管理。在困难学生认定方面,学院通过实地走访、调研、座谈等方式,通过大量的数据,准确了解和掌握困难学生家庭经济情况,确定具有针对性和实效性的个性化资助方案。

2. 构建心理辅导体系

家庭经济困难的学生承载着振兴家庭的希望,入学之初便面临沉重的学业和就业压力。同时,承受着来自朋辈群体的心理压力,常表现出自卑与自尊的矛盾心理特点,他们对自己的事情非常敏感,容易产生情绪与情感上的强烈波动,为了掩饰自己在经济上的贫困,往往不愿意主动去申请学校提供的资助,不愿意向老师和同学说明情况,甚至不愿与人主动交往,更不愿别人触及自己的内心世界,久之则产生远离群体、自我封闭的心理及行为,出现人际交往障碍。这类学生很容易因经济贫困而产生精神迷茫和心理困惑等一系列个性特征和心理健康方面的负性变化。因此,学院紧密结合新生心理普查,积极开展家庭经济困难学生心理健康状况辅导,构建教育教学、实践活动、咨询服务、预防干预、平台保障“五位一体”的心理健康教育工作模式,提高学生心理素质,促进学生身心健康成长。利用微信、QQ 开展线上、线下相结合,团队心理帮扶和个别谈心谈话相结合的心理帮扶工作。

3. 构建精神帮扶体系

学院学生资助工作坚持育人为出发点和落脚点,坚持“扶困”与“扶志”相结合,促进受资助大学生健全人格的养成。学院利用“空中课堂”,采用大学生喜闻乐见的形式,结合资助工作的特点和内涵,开展社会主义核心价值观的宣传教育。全方位落实“诚信、励志、感恩”主题教育。充分利用每年奖助学金评定的契机,加强对大学生的思想政治教育。学院通过召开颁奖大会、院系班级表彰会、专题班会、座谈会,签订承诺书等形式,加强对大学生的诚信和感恩教育,让广大获得奖助学金的学生珍惜这来之不易的荣誉和帮扶，使他们学会饮水思源，从而激发他们勤奋学习，积极向上。另外，对于没有获得奖助学金的学生也应加强教育，鼓励他们端正态度、调整心态，在利益面前要经得起考验，自觉追求“见困难就上、见荣誉就让”的崇高境界。

4. 构建学业指导体系

家庭经济困难的学生，经过高考厮杀脱颖而出，父母常对其寄予厚望，因而这类学生入学之初便带有沉重的学业压力，如不能进行及时的心理辅导，长此以往容易出现焦虑、抑郁等心理问题。学业指导一方面可以帮助学生掌握正确的学习方法，帮助其在学习中找到自信，提高其学习能力；另一方面，可以让学生在学习中树立起正确的价值观念，消除心理困惑，保持积极阳光的心态。具体来说，学院搭建了学习交流平台、开展学术论坛交流、提供创新科研资助，帮助有学业或者学术研究困难的学生提高学习水平和专业技能，增强社会竞争力。学院给家庭经济困难的学生配备了专门的导师，进行专业和学习指导，帮助他们更好地完成学业。

5. 构建能力提升体系

家庭经济困难学生不仅承受着巨大的学业压力，毕业时因为社会资源相对匮乏，社会支持网络较窄等，在求职竞争中必须具备更强的综合实力才能脱颖而出。学院引导鼓励受助学生参加创新创业项目，给予其更多的创新创业机会以及创新创业就业指导。通过创新引领、项目驱动等方式，提高学生的成长发展能力和社会竞争实力。

第五章 心理健康教育类案例分析

第一节　竞赛失利后心理危机应对

一、案例简述

小雅是一名优秀的学生，被推荐通过线上答辩的方式参加省级比赛。比赛当天，小雅过度紧张，发挥失常，出现重大失误。比赛后，小雅自己感觉丢脸，没有给学校赢得荣誉，心情低落，情绪崩溃。比赛后小雅连续几天在宿舍中卧床不起，无缘无故流泪。有一天晚上，去卫生间的小雅迟迟没有出来，舍友合力使劲敲开门之后发现小雅的手臂被刀片划伤，向辅导员打电话紧急求助。

二、解决思路

1. 紧急救治，迅速到场

学生因为比赛失误产生巨大的自责心理，出现自残行为，要第一时间进行救治，确保学生的人身安全。辅导员要第一时间赶往现场，同时要及时向学院领导进行汇报，采取正确措施处理。

2. 联系家长，合力育人

辅导员要第一时间给家长打电话，告知家长学生的身体和心理状况，同家长一起，帮助学生从竞赛失利的阴影中顺利走出来。

3. 专业疏导，排解情绪

辅导员要教育和引导学生正确认知比赛和结果，同时，充分利用专业咨询等技术手段帮助学生正确看待失败和挫折，引导学生从沮丧、自责和难过的情绪中尽快恢复正常。

4. 密切关注，确保安全

对于出现自残行为的学生，辅导员要密切关注学生的思想和心理动态，一是可以及时对学生进行教育和引导，二是避免学生再次出现类似行为。

三、实施方法

1. 紧急送医，确保安全

小雅在深夜出现自残行为，辅导员要本着生命第一的宗旨，紧急救治生命。由于辅导员当时没有在宿舍现场，这时候，辅导员要指挥小雅舍友急救止血，同时第一时间拨打120，对小雅进行紧急救治。

2. 迅速到场，正确指挥

辅导员要第一时间赶往现场，要将学生发生自残的事情上报给学院领导，便于学院领导了解事件、准确研判和统筹处理。同时，要第一时间跟小雅的家长进行联系，告知学生家长小雅发生自残行为的事实，要求家长第一时间赶往学校驻地。辅导员要办理好入院等手续，做好小雅的监护和照料任务，配合医生的治疗。

3. 配合家长，合力育人

家长赶到后，辅导员要将小雅出现自残的详细情况向家长讲明，在小雅目前的教育和护理方面给出建议。同时，辅导员应在家长入院进行照料的过程中给予力所能及的帮助。学生出院后，建议家长带小雅回家进行调整和休息。由于小雅出现自残行为，并伴有明显的抑郁等心理倾向，辅导员建议家长到精神专科医院、综合医院进行全面检查，对小雅进行专业心理咨询和治疗。

4. 谈心谈话，重塑信心

心理学研究表明，决定人的情绪积极还是消极，不是现实生活，而是人对现实生活的看法。同一种情境,从一个角度看,可能引起消极的情绪体验,从另一个角度看,可以发现积极的意义。小雅的心理误区在于,过分夸大事实,将失败结果看得太重,认为失败了自己给学校丢脸了,失败是一件非常严重的事情。小雅重新返回学校后,辅导员多次同小雅进行深入谈话,引导和教育小雅能够正确看待失败,将挫折和失败作为自己前进的动力。辅导员可以使用ABC认知疗法,消减学生对于该事件的负面体验,帮助学生化解心理危机。

5. 密切关注,确保安全

小雅重新返回校园之后,辅导员要密切关注小雅的心理状况和思想动态,与小雅进行定期谈话,了解小雅的学习生活情况,同时对于小雅的困惑和难题进行及时解决,帮助小雅顺利开展大学学习。要通过学生干部等信息反馈渠道,全面掌握小雅的生活学习情况,确保其身体和心理安全。

四、实施效果

学生能够从比赛失利的心理危机中走出来,更加积极地面对生活和学业。

五、经验启示

现实生活中,大学生经常会遇到困难、挫折以及各种压力或阻力。面对这些压力或挫折,有的能顺利解决遇到的问题并成功化解危机,不断积累危机处理的经验,愈挫愈勇,使自己成为生活中的强者。有的暂时未能很好解决问题或出现心理失衡。当一个人面对困难情境而又不能回避时,先前处理问题的方式及其惯常的支持系统不足以应对眼前的处境,即当事人必须面对的困难情境超过了自己的应对能力时,内心的紧张不断积蓄,继而出现无所适从甚至思维和行为的紊乱,进入一种暂时的失衡状态,这种暂时性的心理失衡状态就是心理危机。作为辅导员,要指导学生做好危机管理,通过积极应对,调动自身潜能,重塑自我。

(1)帮助学生树立危机意识。人的一生中,总会遇到各种突然发生的生活事件和压力,既会有天灾也可能会有人祸,关键是如何去应对。树立危机意识,知晓危机是常态,没有危机是偶然。拥有一定的心理危机预防和管理意识,一旦面临生活的危机时,就可能会处事不惊而从容应对,化险为夷。

(2)帮助学生建设积极心态。日常生活中,要营造积极心态,学会调适情绪困扰与心理压力,积极自助。要看到自己处理问题上的优势,能从问题中看到动力能量,从问题中看到积极因素,从问题中看到转化机会,从问题中看到成长契机。

(3)帮助学生调整认知策略。面对危机,要及时调整认知策略,找到有用的解决办法,相信办法总是比问题多,关键是如何解决问题。改变想法,就有新的活动。要相信:肯定会有一些适合自己的原有认知策略,同时也可学习运用新的认知策略。

(4)教育学生合理宣泄情绪。情绪无好坏,关键是如何处理。要教育学生及时觉察情绪的存在、接纳情绪出现的情况,找到适合自己的情绪宣泄方式,也可以尝试别人提到的有用的情绪宣泄方法,缓解压力并达到心理的平衡,遇事不慌不乱,有条不紊地去处理情绪并应对危机。

(5)教育学生增强生命韧性。教育学生无论什么时候都要坚持生命至上,不伤害自己也不伤害他人,因为生命是最宝贵的财富。人总会经历挫折,在挫折中成长和强大,不断增强生命的韧性,让生命之光越来越强,完成个人肩负的使命,实现人生的价值。

(6)帮助学生找到替代方案。危机不可避免,但解决的方法却有很多。生活中的许多事实告诉人们,所有的努力与付出都不是白费。寻找替代解决方案是心理危机预防与干预中的一个重要选项,是探索新的资源的重要历程。

(7)引导学生求助专业服务。每个人都会遇到危机,一旦遇到问题或重大挫折,不要忍着或憋着,一定要表达出来。除了与家人或好友沟通外,也可寻求专业心理咨询服务或精神卫生医疗机构诊断。

第二节 大学生心理创伤辅导的案例

一、案例简述

2021年5月的一天傍晚，一名毕业生从女生宿舍楼6楼跳下，跳楼女生跌落在地时，小郭正好经过，她看到学生掉落下来后紧急打电话给120，学院将跳楼女生紧急送医。深夜，辅导员正在学院同跳楼学生家长商议相关事宜的处理，突然接到陌生人的来电，来电者自称是小郭的男友，说小郭目睹了坠楼的全部经过，心理上产生巨大压力，情绪非常激动，希望辅导员及时关注。此后，小郭的男友多次打电话，说小郭性格非常内向，不好意思向学院表达自己的想法，小郭所居住的宿舍距离跳楼女生宿舍很近，由于目睹整个过程，心理产生阴影，要求辅导员更换宿舍，另外，小郭的男友打电话要求辅导员满足他关于小郭的其他要求。

二、解决思路

1. 关注学生情绪，确保学生安全

不管小郭的男友行为是否恰当，其反映的问题需要辅导员进行关注和妥善处理。作为同小郭关系非常密切的人之一，小郭男友反映的问题值得辅导员充分重视，确保学生的健康。

2. 联系学生家长，告知学生情况

根据小郭的情况严重程度，要及时跟学生家长进行沟通和交流。小郭的男友跟小郭虽然关系密切，但是毕竟不是小郭的监护人。辅导员要将小郭的情况及时告知家长，一是避免学生因恋情产生新的心理困扰，二是形成家校育人合力，有助于小郭的治疗和恢复。

3. 开展辅导，帮助学生走出心理阴影

辅导员要开展个体辅导和团队辅导，帮助学生学会处理心理危机，从突发事件的阴影中尽早走出来。

三、实施方法

1. 充分利用信息渠道,全面掌握情况

辅导员第一次接到小郭男友的反馈电话后,首先做的事情就是掌握小郭的情况。由于时间很晚,宿舍楼门已经关闭,无法出入宿舍楼。辅导员通过电话跟小郭的舍友、班长等进行联系,了解小郭情况。辅导员嘱咐其舍友和班长密切关注,第二天陪同小郭到办公室见面并分别进行详谈。通过详谈得知,小郭非常努力,学习成绩在班级名列前茅,性格也比较敏感,目睹坠楼事件后,小郭多次在宿舍中提及自己很害怕,担心自己也会冲动,做出类似不明智的举动。

2. 联系家长,随时沟通小郭的情况

辅导员将小郭的情况告知家长,告知家长针对小郭学院采取的辅导措施,同时建议家长及时关注小郭的情况,争取做到每日电话或者视频沟通。

3. 满足需求,解决实际困难

得知小郭在宿舍关系方面存在一定困扰,有调换宿舍的需求,辅导员通过了解,向小郭推荐了一个同年级的宿舍。小郭搬离了原来的宿舍,感觉比之前好很多,情绪有所好转。

4. 个体辅导和团体辅导相结合,帮助学生走出心理阴影

针对小郭的情况,辅导员邀请了学校心理健康与咨询中心的专业教师,对小郭进行了个体辅导,帮助小郭从突发事件中走出来。辅导员与小郭也进行了多次谈话,及时了解小郭的思想动态和心理状态。此外,经过学院了解,有一小部分学生也存在一定的恐慌和压抑,学院通过组织阳光心理大讲堂、心理创伤的处理与应对等心理讲座,教育和引导同学们正确面对心理创伤。学院开展了朋辈心理辅导、团队心理辅导等活动,对包括小郭在内的学生进行心理疏导。

5. 建立档案,密切关注

辅导员针对小郭建立了心理档案,通过宿舍心理预警员、宿舍舍长、班级心理委员、班长、团支书等定期了解小郭的心理状态,确保学生能够有效应对大学学习和生活。

四、实施效果

(1)小郭的心理阴影逐渐消散,慢慢变得开朗和乐观起来。小郭依然保持较好的学习成绩,同时,与其他同学的人际关系也有明显的好转。

(2)通过开展团体心理辅导,有小郭类似体验的学生得到有效心理疏导,学院氛围和教学生活秩序逐渐恢复正常。

五、经验启示

(一)心理创伤的来源及机制

心理创伤是个体因遭遇某些灾难性事件而引发的心理刺痛性情感反应。《精神障碍分类与统计标准》(第四版)对心理创伤的界定是:"心理创伤是身处威胁性环境因素与个体防御机能之间失衡的经历,伴随着无助和无法预料感,并因此持久地对个体自身及其周围世界的理解产生动摇作用。"

心理创伤的发生源是灾难性事件。灾难性事件是指那些严重威胁人身安全或躯体完整性,可以引起个体社会地位或社会关系网络发生剧变,从而引起心理创伤的事件。灾难性事件一般分为三类:第一类为自然灾难,如地震、洪水、森林火灾、火山爆发、山体滑坡等;第二类为意外灾难,如火车、地铁、汽车的运输灾难以及空难、海难等;第三类是人为灾难,如抢劫、枪击、人质劫持、战争灾难、恐怖活动等。此外还有其他不幸的生活事件,如失业、离婚、亲人死亡、医疗事故等。灾难性事件是否会造成个体的心理创伤,取决于事件的严重程度和事件对个体的意义。

心理创伤发生的心理与生理机制是相当复杂的。有研究揭示,经历灾难性事件后,个体不断地以某种形式回忆事件历程,伴随着强烈的痛苦情感体验。这些强烈的情感体验与情绪性记忆相联系。心理创伤体验的情绪性记忆不同于常规回忆,它会以强烈的情感体验、躯体感觉或深刻的视觉表象等形式重现,并难以消退,且无法被未来经验修正或替代。心理创伤在本质上是由强烈的负性情绪记忆引起的。对同创伤有关的情绪性记忆的抑制失败或负性情感体验不能消退可能是心理创伤的重要心理学机制。越是严重的灾难性事件,引起的情绪反应越强烈、体验越深刻,个体越难忘记。认知神经科学的研究认为,心理创伤与不同脑区功能活动失衡、病理性认知和负性情绪有关。前额叶、杏仁核、海马回等与情绪和记忆有关的脑区功能在灾难性事件的刺激下可能发生可塑性变化。此外,肾上腺素、皮质激素的变化也可能是其重要的生物学致病机制之一。

(二)大学生心理创伤辅导的特殊性

1. 生理学层面的特殊性

从生理学角度看,大学生处于人生的青年阶段,身体强壮、精力旺盛,也是生命活力最强、生活最幸福、最快乐的时期。但灾难性事件给他们带来的是难以承受的痛苦和失望。同时,突如其来的灾难性事件也会刺激大学生的生理机能,会激活交感神经系统,引起生理唤醒,甚至对身体的免疫力造成破坏。通过心理辅导可以调节生理唤醒水平,降低创伤给大学生带来的痛苦,使大学生健康、愉悦地生活,重获青年时期的幸福和快乐。

2. 心理学层面的特殊性

从心理学角度看,弗洛伊德和荣格都强调内在心理创伤的影响大于外在创伤,创伤后个体都采用分离的方式去压抑或遗忘创伤本身带来的痛苦。分离的心理防御机制虽然结束了外在的创伤,但创伤所导致的个体心理后遗症却继续存在并对个体产生重要影响。大学生生活经验少、意志薄弱,在灾难性事件中更易出现各种心理问题。但他们掌握有较多的科学知识,理解能力和接受能力较强,独立健全的人格正在逐步形成,因此,学校的心理辅导更容易对大学生产生效果。

3. 教育学层面的特殊性

从教育学角度看,大学生是受教育者,是教师的教育和培养对象。大学生生活在大学校园中,与教师有较多的接触机会。在校大学生心理创伤的康复,主要依靠学校的专职心理辅导人员和教师通过开展心理辅导来得以实现。大学教师与社会心理工作者、心理医生不同,他们对待大学生的心理创伤,主要不是采用外部心理干预或心理治疗的方法,而是运用启发、教育、指导的方法,充分挖掘大学生主体内部的潜能,使大学生实现自我康复。教师是大学生心理康复的教育者、指导者,而不是干预者、治疗者。大学生与教师日常更加亲近,他们对教师更有信任感,依赖性更强,因而,教师的心理辅导对大学生的心理创伤的康复能起到更大的作用。

大学生心理创伤辅导的特殊性决定了大学生心理创伤辅导模式和策略的针对性——以提升大学生的自我康复能力为主要目的。

(三)大学生心理创伤辅导的策略

1. 创设有利于心理创伤辅导的环境

大学生心理创伤辅导以学校的专职心理教师为主,以辅导员和班主任为辅。学校应设置专门的心理咨询机构,配备专职的心理辅导教师,及时、有针对性地对有心理创伤的大学生进行辅导,以避免创伤后应激障碍的形成。要充分利用学校的校园文化、师生关系、同伴关系等创设良好的心理创伤辅导环境,以此来巩固心理创伤辅导的效果。

2. 建立全面、规范的大学生心理档案

很多学校都比较重视大学生的心理健康,在新生入学之初就对他们进行心理测试,为其建立心理档案。在灾难性事件发生之后,要及时进行筛查,发现存在心理创伤的学生,应给予其及时、有力的心理支持和帮助。在辅导过程中也要建立心理档案,以便于日后对其进行跟进治疗和个案研究。心理档案应包括学生的人格特征、个人生活经历、经历的灾难性事件、辅导过程、辅导效果等。这将为预防和消除学生的心理创伤提供重要依据。

3. 个体辅导与团体辅导相结合

个体辅导是比较常用的辅导方式。个体辅导的目标是:①帮助学生处理目前的心理创伤,提供可利用的资源;②使学生免受进一步的伤害,对心理创伤有较好的应对措施;③促使学生在创伤中成长,增强应对、解决问题的能力;④帮助学生整合内在和外在资源,更好地利用社会支持应对创伤;⑤帮助学生恢复身心功能,防止出现负向和破坏性的结果。

当遭遇灾难性事件的人数较多时,常使用团体辅导的方式。与遭遇相同或拥有相似经历的同伴共同分担体验,可消除学生的顾虑,也能使他们从帮助别人的过程中获得满足。在团体辅导的过程中,教师也能识别出需要进一步做个体辅导的学生。但团体辅导也有不利因素，因为并非所有的人在集体中都会感到轻松自在，在团体辅导中有可能通过对自己或别人经历的再次体验而二次受创。实施团体辅导需要注意以下几点：①教师对团体辅导和心理创伤要有较深的认识，最好由两名教师来实施，以便互相鼓励和支持；②处于抑郁状态或以消极方式看待团体辅导的人，可能会给其他成员添加负面影响；③急性悲伤者（如亲人去世的大学生）不适宜参加团体辅导；④辅导过程中不要强迫成员叙述创伤细节；⑤辅导结束后，要组织教师进行团队督导，避免替代性创伤。

4. 增强大学生的自我保护能力

加强大学生的心理健康教育，使大学生了解心理学的基本知识，提高自身的心理素质，掌握应对灾难性事件的自我保护常识。要让学生明确以下几点：①避免直接暴露于强烈的灾难性事件现场；②在灾难性事件发生后，尽量避免反复的负性情绪体验和回忆，关注自身的成长；③当自己无法摆脱心理创伤带来的痛苦时，应及时向专职心理教师求助。

（四）大学生心理创伤辅导应注意的问题

（1）心理创伤常常无法在短时间内或单纯依靠调动自己的心理能量来恢复。因此，不管采用哪种模式和策略都应该有持久的辅导计划和措施，逐渐促使遭受创伤的个体独立克服困难，适应生活。

（2）在运用某些辅导模式和策略时，要慎重对待暴露创伤心理体验的现象。任何辅导方法都难以将创伤的经历和体验从个体的记忆里彻底消除或清除，比较容易实现的是在辅导后使个体的情感或情绪反应处于其可以承受的范围。

（3）受创伤时的年龄越小，未来形成心理创伤的可能性越大，心理创伤也越严重。要针对辅导对象的特殊性采用合适的辅导模式和策略。

（4）灾难性事件发生时，人们遭受的强烈刺激可能在一定程度上导致中枢神经系统的功能性变化，或者致使一些脑区受到损害，从而在心理和行为上表现出病理性变化。教师要及时发现问题，如果采用上述辅导模式和策略无法取得满意的效果，要及时送医。

第三节　如何应对新生入学适应不良

一、案例简述

大一刚刚进行了一个月，有一天，小凡因为一点小事情同舍友发生冲突，情绪失控。辅导员随即同小凡以及其舍友进行谈话，通过谈心谈话发现，小凡跟其他同学表现得不太一样。自入学以来，小凡情绪低落，出现经常自己发呆、不愿与同学交流、逃课等情况。在与小凡的谈话中发现，整个交流过程小凡表现得很沉默，说话声音低沉，语速缓慢。小凡告诉辅导员，入学以后，自己经常失眠，胃口很差，饭也吃不下，上课不知道在听些什么，注意力不集中。通过了解得知，小凡来自农村家庭，家庭经济情况一般。小凡性格较内向，从小学到高中学习成绩一直不错。上大学后，小凡决心好好学习，将来找一份好的工作。进入大学后逐渐发现课业并不轻松，而且身边同学多才多艺，很多都加入了学生会、社团，每天过得忙碌而充实。而自己没有什么特长，虽然参加了几次面试，但都没有入围，感到处处不如别人。因为性格原因，也不愿主动与同学交往，倍感寂寞与孤独。前一段时间，自己新买的二手电动车被偷了，感觉自己很倒霉。想到父母辛辛苦苦供自己上大学，心里很痛苦、内疚。苦闷的心情无处倾诉，慢慢地出现了失眠、胃口差、记忆力减退等症状，对任何事情都提不起兴趣。

二、解决思路

1. 定期谈话，关注状态

辅导员应该主动关心学生，帮助学生适应新的环境和新的挑战。辅导员要定期同学生谈话，了解学生的思想状况、实际困难等，帮助学生尽快适应大学生活。

2. 朋辈辅导,改善关系

朋辈辅导具有自发性、义务性、亲情性和有效性等特点。由同龄人担任心理辅导员,一是可以帮助辅导员老师解决同学们遇到的较为简单的问题,二是相近的价值观念、经验、生活方式使得朋辈心理辅导对于社会日常生活中的心理问题而言具有非常重要的作用。朋辈心理辅导不同于一般性质的聊天,虽不具备心理辅导的专业性,却能产生专业心理辅导所不及的效果。辅导员要充分利用朋辈辅导这一工具,充分发挥小凡周围主要学生干部、优秀舍友的作用,改善小凡的人际关系,帮助小凡开展人际交往。

3. 家校共育,形成合力

辅导员要及时同家长联系和沟通,向家长告知学生目前在校的情况。要同家长达成共识:一是小凡入校后存在的问题值得学校和家长充分重视,二是家长要采取有效措施配合学校帮助小凡融入大学生活。

4. 定期汇报,确保安全

一方面,辅导员要安排班级主要学生干部和小凡的舍友及时汇报小凡的情况;另一方面,辅导员要及时将小凡的情况上报给学院领导,在学院领导的指导下开展心理健康教育工作。

5. 专业辅导,提升效果

根据小凡的情况,辅导员可以建议小凡到心理咨询中心等比较专业的心理辅导机构进行咨询和求助,提升辅导效果。

三、实施方法

1. 充分利用请假等机会,定期同小凡谈话

辅导员充分利用学生当面请假、班级例行谈心谈话等机会,同小凡交流和沟通。了解小凡的思想动态和情绪状态,随时帮助小凡解决实际困难,让小凡体会到学校和学院的温暖,让小凡愿意向辅导员敞开心扉,寻求帮助。

2. 有效开展朋辈辅导

辅导员同小凡的舍友进行了多次引导和交谈,随时向他们了解小凡的日常表现。辅导员向其舍友解释了小凡的表现属于新生常见的适应问题,

消除她们心中的疑虑，嘱咐她们多关心和陪伴小凡，同时密切关注她的言行，有异常情况随时汇报。辅导员也安排了班级心理委员、班长等有一定心理辅导知识和技能的主要学生干部，定期同小凡进行交流，开展朋辈辅导，协助辅导员帮助小凡解决思想和生活中的困难，帮助小凡适应大学生活。

3. 做好家校沟通

辅导员及时同小凡的家长联系，将情况告知家长。小凡的家长十分配合学院的工作，在得知情况后第一时间赶到了学校，与学院一起做好小凡问题的处理。小凡在校期间，其家长按照辅导员的建议，基本每天同小凡进行电话、视频的联系，让小凡体会到家庭的温暖，建立信心。

4. 主动汇报情况，做好下情上达

辅导员及时向学院分管学生工作的领导和校心理健康教育中心报告小凡的情况，在其家长的配合下，共同商讨对策和解决方案。辅导员建议学生家长，根据学生情况，到专业的心理治疗机构进行诊断和治疗。

四、实施效果

小凡的睡眠质量有所提高，人际关系有所改善，学习和生活的主动性增强，虽然成绩不是特别好，但是学习态度有了很大转变，基本适应大学生活。

五、经验启示

适应问题是大学生中普遍存在的。由于每个人的个性特点和问题的应对方式不同，有的学生能很快地找到应对方法，顺利适应新的环境，而有的学生则迟迟不能适应环境，甚至产生心理障碍。所以，在新生入学后，学校要尽早对新生进行适应性教育，帮助他们尽快适应大学生活，避免和尽量减少严重适应问题的产生。新生的适应性教育，不仅仅是新生入校后几周的入学教育，也是大学教育的重要组成部分，是中学与大学教育的重要衔接，应进行整体、长远的规划。

(1)充分利用互联网技术，做好网络思想政治教育。随着互联网飞速发展，网络已融入我们生活的方方面面，它正在改变着世界，同样也改变着我们的教育。特别是网络传播速度快、内容广、打破时间与空间的交流局限等优点，为学生的交往、班级文化的扩展、家长和学校的沟通提供了一个很好的平台。在新生入校之前，准新生班主任和辅导员可提前开展班级建设，建立班级或年级 QQ 群、微信群，师生可通过网络进行一对一、一对多和多对多的交流和互动，消除彼此的陌生感，增强网络思想政治教育效果。辅导员和班主任还可以通过“网上家长学校”等类似的交流栏目，促进家长参与班级管理，进行在线家校联系。

（2）开展系列新生入学教育。入学教育是大学生涯的第一课，是新同学尽快了解大学，适应大学学习和生活，树立新的奋斗目标的重要一环。除了传统的专业思想教育、爱国爱校教育、文明修养与安全教育等，还可以根据“90 后”甚至“00 后”大学生的特点，设计一些自主体验项目，通过自主参与体验获得个性化成长的适应性教育活动。如以班级为单位，开展新生团体辅导，设计一些破冰活动，加快同学间的相互熟悉；根据新生普遍存在一些共性的适应问题，由校心理健康教育中心开设一些针对性的团体工作坊等。另外可邀请优秀应届毕业生、优秀校友或用人单位的领导为新生做专题讲座，开展职业生涯规划指导，引导他们如何为考研、考公务员、出国、就业等做准备，指导他们根据自己的志趣和个性特点制定个人发展规划，帮助他们尽早走出迷茫，明确目标。

（3）建立新生心理健康档案。新生入学后应及时进行心理健康状况普查，建立新生心理档案，为实施相应辅导教育措施奠定基础。根据普查结果有针对性地进行个别心理咨询、团体心理辅导、举办心理健康教育讲座等宣传普及心理健康教育知识，提高大学新生对自身心理特征和行为特点的自我认识、自我调节和自我完善水平，引导大学新生学会运用合理有效的应付策略应对各种适应问题。对于普查中显示有适应障碍的大学新生应及时进行心理咨询或心理治疗，帮助他们消除心理危机和心理障碍。

（4）落实辅导员谈心谈话制度。辅导员是开展大学生思想政治教育的骨干力量，是高校学生日常思想政治教育和管理工作的组织者、实施者、指导者，也是学生成长成才的人生导师和健康生活的知心朋友，辅导员通过开展与学生有效的谈心谈话，不仅可以及时掌握大学生的思想动态、学习和生活情况，使思想政治教育工作更具针对性，还可以增进与学生间的沟通与理解，帮助学生解决思想、心理和实际问题。

第四节 如何应对考试焦虑

一、案例简述

小元是一名大二学生，性格比较内向，平时不太爱说话。小元的学习成绩不错，在辅导员老师眼中，小元是一名勤奋刻苦、成绩优异的学生。临近期中考试，该生主动跑来找辅导员老师请假，想回家静养几天。请假的理由是自开学以来，只要一开始学习就头疼，特别是考试将近，头疼得更加厉害，痛苦不堪，已不能正常学习和生活。然而，他多次去医院检查，并无器质性病变。

二、解决思路

小元有明显的考试焦虑问题，为防止泛化，辅导员需要有一个从考试前期，到考试中，再到考试结束整个过程的详细的应对方案，加强对学生的正确引导与教育。

1. 考前，加强考试焦虑知识普及

心理知识普及应做在前头，在学生刚进校园之际，比如开展入学教育的时候，就应该涉及相关心理学知识。教育内容贴近学生、贴近日常、贴近实际问题，教育过程按照“X是什么”“X为什么”“X怎么做”的流程来，教育途径可以丰富多彩。

2. 考中，加强考试焦虑缓解技能教育

考试过程中最重要的是要让学生知道如何排遣自己的焦虑情绪，从而

自如应对考试,取得好成绩。自信训练与放松训练都是可行之法,学生自我表达正常情感和自信、放松肌肉和大脑,都能缓解紧张的情绪。这是实操层面的要求了,学生要自我掌握。

3. 考后,加强考试焦虑自我调整训练

对于考试带来的紧张压力,有的人睡一觉就好了,有的人长期陷入考试焦虑情绪中不能自拔。对于后者,要学会自我调整的方法,推荐的方法有:睡眠消除法,充足的睡眠可以换来清醒的头脑;运动消除法,适当的运动可以放松神经;还有注意力转移法、情绪宣泄法、食疗法、音乐疗法等。

三、实施方法

1. 满足诉求,回家静养

学生提出在校期间压力太多,需要回家放松的要求。经过谈话和了解,根据学生的自我描述和精神状态,辅导员确实发现该生存在比较严重的考前焦虑。辅导员通过舍友、班干部等处进行了解,发现小元在宿舍里多次跟其他同学谈及考试压力较大的事情,小元提及自己有时候睡不好,但是舍友并未发现小元有其他反常,小元在校期间比较遵守纪律,个人情感方面也比较正常,小元提出静养,主要原因是想离开压力环境。经过了解,即使考试之际,辅导员仍然给小元准假,满足他回家放松、静养的要求。

2. 考前指导,调整认知

小元从家里回校后,辅导员同小元进行了定期谈话,帮助小元正确看待考试,把考试当作提升自己的机会。辅导员安排了备考指导培训等,帮助小元以及其他同学学会备考,减除焦虑。

3. 考中调节,协助放松

鉴于小元出现了明显的考试焦虑情况,在考试中,辅导员通过正式、不正式的方式同小元进行交流,了解小元的考试情况,及时发现小元的不良情绪,对小元进行情绪疏导。教授小元情绪调节的技巧和方法,帮助小元减轻考试压力。

4. 考后总结，理性看待

考试结束后，辅导员引导小元正确看待考试结果，总结在考试中的经验和教训，了解知识掌握薄弱的地方，加以巩固和学习，提升自己的专业学习成绩。

四、实施效果

小元顺利参加了期中考试，在其后的学习中，小元能够正确看待自身、看待考试，在期末考试以及后期学习中，小元都能以平和的心态积极面对，没有再次出现失眠、压力大等情况。

五、经验启示

考试焦虑是大学生中普遍性、高发性、常规性的问题，值得辅导员老师们充分重视。随着考期临近，学生有焦虑、害怕等情绪是正常的反应，辅导员要学会帮助学生缓解紧张情绪，助力学生的考前复习以及考场上正常发挥。

1. 教育学生接纳焦虑情绪

当你特别烦恼的时候，森田疗法的启示是，与烦恼对抗，或想消灭它是不可能的，只有“顺其自然，为所当为”，才能使自己立于不败之地。要想减少焦虑情绪，个体首先要做的是能够接纳可能会发生的糟糕的状态。一旦个体能够接受最恶劣的状况，就意味着个体已准备好坦然面对一切结果。大多数学生在考前或多或少都会有焦虑情绪，但一般都能带着焦虑情绪正常地学习生活，焦虑情绪对他们的学习不会造成太大的困扰。而焦虑程度较高的个体，普遍具有一种追求完美的倾向，不允许自己学习或工作上有任何情绪上的松懈，一旦产生焦虑情绪，他们就会觉得自己的时间被白白浪费掉，学习效率过低，他们无法接受这种不完美状态。其实，考前有焦虑情绪是正常的，焦虑情绪提醒我们将要面临的考试重要性，暗示我们要把关注点放在目前要进行的事情上，要付出更多的努力和精力。从这点而言，焦虑其实是有好处的。但是,如果个体过于关注焦虑情绪,并想尽办法要除掉它,焦虑情绪反而会成为个体发展上的阻碍,会使个体将注意力集中于此,无暇顾及其他。

2. 指导学生情绪调节小技巧

辅导员要引导学生在接纳自己的负面情绪基础上,掌握一些适合自己的缓解情绪的方法。比如腹式呼吸,利用好每时每刻都在进行的呼吸运动来进行压力调节,简单且便于操作;肌肉放松法,是通过意识控制使肌肉放松,同时间接地松弛个体的紧张情绪,从而达到心理轻松的状态;或者通过学习着陆技术,让自己通过关注外部现实世界,摆脱负面情绪的干扰。当感到焦虑的时候,还可以在手心上写下发生的事情,让焦虑及时得以释放。在学习之余,尽量做一些自己感兴趣的事情,打球、画画、练字或摆弄一盆小花,不仅能陶冶情操,也能缓解焦虑的情绪。

3. 引导学生理性看待考试结果

考试焦虑的很大原因不在于考试这个事件本身,而在于个体对考试结果的过度解读。考试焦虑的学生害怕自己考不到理想的分数,进不了理想的学校,找不到理想的工作,从而实现不了人生的价值和梦想。这一系列的担忧环环相扣,让学生的内心更加焦虑。为了避免失败,有考试焦虑的学生往往会用“绝对必须,一定要,无论如何”等字眼来逼迫自己和他人。如“我既然用尽心思学习,我的头脑就必须高度专注,不能有任何的分心和走神”“如果这次考试失败,我的人生必然就会一败涂地”等,这种绝对化信念最终导致的结果是他们无法接受事实,无法接受自己,从而使自己陷入持续的焦虑状态中。对此,可以教给学生经常尝试做一些练习,用合理化信念取代不合理信念,较为客观理性地看待可能会面临的事情。如当焦虑袭来时,考生可以这样提醒自己,“这次考试对我而言有重要意义,我很紧张焦虑,学习时会走神、分心,情绪会莫名烦躁,这是一种正常的情绪反应,我已经努力去做了,无论结果如何我都问心无愧”;或者“我期待自己能在即将举行的考试中获得好情绪,为了这次考试我尽了最大努力,但是凡事具有不可预测性,即使考砸了又能怎么样?我的人生并不会就此终结”;等等。一旦个体在头脑中建立合理化信念,客观理性地看待可能出现的结果,人们就不再会为虚无缥缈的未来担忧焦虑，个体就能以一种相对宽容平和的心态来应对眼前的问题和事情，焦虑情绪就会减轻甚至消失。

4. 培养学生自信乐观的姿态和视角

具有焦虑特质的个体往往对周围的一切或将要发生的事情缺乏成功应对的信心和勇气，在面临一些重要的事情之前，往往还没着手去做，内心已提前预判自己可能会失败，因此担心、紧张。心理学研究证明，自信乐观的心态可以预防抑郁和焦虑。自信心的培养途径是多样化的，其中最简单直接的方式就是自信姿态的培养，如走路时抬头挺胸，说话的声音要洪亮，与人交流时眼睛要与人平视，等等。只要坚持下去，自信心就会油然而生。另一方面，个体还要通过努力从事一些自己擅长或者感兴趣的活动来增强自己的能力，提高自己的自信心，以增强对学业或者对生活的掌控力，从而减少对未来的不确定感和紧张感。

第五节 努力让自己变得更糟糕了

一、案例简述

小梅是一名大二女生，学习勤奋刻苦，成绩优异。大一时获得校英才奖学金和一等奖学金，荣获学校优秀学生荣誉称号。在辅导员老师的眼中，小梅是一名非常优秀的学生。在一次班级例行谈心谈话中，小梅向辅导员倾诉：最近身体有些不适，经常莫名头晕、胃痛；晚上频繁失眠，心里总是感觉有事情，总是睡不着；食欲不是很好，总是吃不下饭；有的时候一点事情就想发火，无法控制自己的情绪。进一步询问得知，小梅在入学第一年就获得高额奖学金，自己体验到巨大的成就感，外界的肯定和赞誉也让小梅感到非常开心和满足。但是，短暂的兴奋和欣喜过后，小梅开始为下一学年的成绩担忧起来。她感觉如果下一年没有继续获得奖学金，将意味着自己不再是一名优秀的学生，也将失去周围师生对自己的赞美和肯定。为了实现自己的目标,保持优等生的形象,小梅学习更努力了,她制订了更加严格的学习计划,利用每一分钟。甚至是周末都不放松,不愿意去参加任何娱乐和休闲活动。短期内,她感觉学习效率比以往高多了,时间长了,这种严格要求自己不断追求优异的压力也与日俱增,她开始感觉学习效果降低了,生活上也出现了反常,经常头晕、胃痛,没有食欲,经常失眠,情绪也很容易失控。

二、解决思路

寻找小梅问题背后的真正原因,坚持问题导向,做到有的放矢;利用心理健康教育知识,使用心理辅导技术,帮助小梅对学习建立合理认知,减轻学习压力,重塑学习信心。

三、实施方法

1. 定期谈话,寻找根源

辅导员同小梅进行了多次沟通和交流,终于,小梅慢慢地打开心扉,向辅导员诉说自己的成长过往。原来,小梅在中学时并不是学霸。刚升入高中时,小梅的成绩在班级中处于中下水平,因为身边的同学都比自己优秀,小梅强烈地感受到了“不平等”待遇。比如,优等生抢走了本来就不多的机会,像担任学生干部、课堂回答问题、参加比赛、老师表扬和关注等机会,都是优等生优先;优等生也影响了小梅的自我认知。因为成绩和优等生有差距,机会又少,小梅形成了“我不行”的自我认知,将优等生的成功归于天赋,将自己的失败归结为缺乏天赋,形成了固定的思维模式,逃避学习。虽然最终小梅依靠自己的勤奋和努力逆袭为优等生,但是从前的阴影一直在小梅的心里。她担心如果自己不够优秀,机会又会缺少,担心自己找不到自尊。这种阴影,导致小梅过分在意保持优等生形象,产生巨大压力,影响她的生活和健康。

2. 确认困境,协助解决

通过谈话,发现小梅对自己存在不合理的认知。小梅已经非常优秀了,总是对自己不满意,对自己的期望和要求过高,行为上追求细节,稍有一点事情做得不够就惴惴不安,所以她总有不满和不快,少有幸福感和快乐感。辅导员要帮助小梅做出改变,教育和引导小梅正确看待奖学金以及优秀学生的标准。小梅在对自我的认识和评价方面,存在容易关注自身不足和弱点,对自己的长处和优点视而不见的情况,所以经常担心会发生什么不如人意或者令人害怕的事情,不能容忍自己的失败。辅导员要帮助小梅建立正确和独立的自我评价体系,有了独立的自我评价体系,就不容易怀疑自己。

3. 持续关注,助力成长

加强对小梅思想、学业、心理等方面的跟踪及指导。在征询小梅意见的基础上,选择其信赖的同学开展学业帮扶,同时,如果确实由专业医学机构诊断为心理疾病,视情况严重程度,按照医嘱,联动家长开展治疗,根据治疗需要,配合做好学籍管理等相关工作。

四、实施效果

经过多次谈话后,小梅向辅导员老师反映,自己的心情好多了。从小梅舍友处,辅导员老师得知,小梅性格比之前开朗多了,变得更加自信、乐观、阳光。小梅勤奋刻苦,连续三年获得了奖学金。

五、经验启示

有的大学生过分追求完美,过多关注消极面,过分关注自己的形象和他人评价,对失败非常敏感,要想实现转变,需要做到以下几点:

1. 改变不合理的认知

根据合理情绪疗法,当已经发生的事件无法改变时,应该着手改变人们非理性的认知,而代之以理性的观念。当一个人的认知改变之后,其不良的情绪和行为也会得到改善,心里的困惑也会消除或减少,愉快和充实的感受才会重新产生。

2. 学会建立独立的自我评价体系

一个人的自我评价体系一般由两部分组成,一是自己的内部评价体系,二是通过他人对自己的态度和与他人进行对比得到的评价结果,即外部评价体系。如果我们经常用独立的内部评价体系来看待自己,那么就不容易被周遭所影响;反之,如果面对任何事情的发生,我们首先想到是会丢人、会被嘲笑,那么就会深陷在别人的评价中而难过不已,为自己增添心理负担。培养独立的自我评价体系的方法是:①做任何事情,先给自己一个合理预期,只要结果在预期范围内,只要自己努力过,就不要苛责自己。②减少与别人的对比,制订计划要多从自身出发,减少用外界的评价衡量自己,不依赖别人的肯定和认可。

3. 放大"成长型思维"

在面对失误时,人们的态度有很大差别,有的人积极应对,冷静后再次尝试;有的人任由情绪失控,破罐破摔。失败是人生的常见状态,我们无法避免,但是我们可以选择面对失败的态度。其实,不好意思、怕丢人、怕出丑,都是真实生活的写照,接受它,改变才会开始。作为大学生,要放大自己的成长型思维,比如,可以每天记录"我的优点""我的进步",在遇到困难的时候,就翻看这些"成就",这种可视化的自我激励能够帮助同学们找回克服困难的勇气;当遇到暂时无法做到的事情时,告诉自己"我只是现在还不行",这样的方式可以让大学生专注于目标、反馈和挑战,而不是自己的无力感和因此产生的对失败的恐惧。

第六章 校园危机事件类案例分析

第一节 师生冲突突发事件的处理

一、案例简述

刚担任辅导员就接到了一位科任教师的电话，反映本班学生小古在实习实训课上，因为对仪器进行了误操作，受到批评，小古不服气，于是跟自己发生了严重的冲突，小古不仅公然在课堂上跟自己大吵一架，而且还没上完课就拂袖而去。科任教师非常生气，认为小古严重干扰和违反了课堂纪律，小古本身误操作仪器就有错在先，老师在提醒和教育时又不服管教，科任教师希望辅导员对此进行严肃处理。

二、解决思路

1. 平息事态，果断制止

学生在课堂上违纪，同科任教师发生严重的冲突，无论冲突的起因、责任如何，作为辅导员老师，首先要做的是以最快的速度介入，平息冲突事态。平息事态的最佳方法是让双方先分开。常用的措施是将学生带离现场，换一个环境。在分离双方时辅导员要注意，先不要问对错，不要立即呵斥学生，不要带有明显的倾向。但是行动一定要果断坚决，态度要严肃。在这个案例中，学生已经主动离开课堂，所以，辅导员无须到达冲突现场，首要做好的是协调、调研和教育工作。

2. 稳定情绪，冷静处理

冲突的师生分离后，要留给师生双方一些时间，让他们都冷静下来。像这个案例中，科任教师一般情况下会继续上课，学生被安排在别处。如果科任教师因为冲突拒绝继续上课，那么辅导员这时可以妥善地劝解教师顾全大局，对班级的其他同学承担教书育人的责任。如果没有劝解成功，辅导员可以安排学生进行自习，由主要学生干部进行纪律的维持和情况的反馈。此时，辅导员应该密切观察师生双方的情绪和行为，决策下一步是否应该向上级进行汇报。当然，根据事态发展情况，通过判断和分析，如果辅导员能够控制局面，则无须上报或惊动学校学院领导层面，辅导员可以自行处理。

辅导员应该把学生先安置在一个相对独立的空间，如谈话室、空教室等。辅导员也不要在学生气头上进行询问，学生失去攻击对象，很有可能把师生矛盾转移到辅导员身上，这是正常的。辅导员可以让学生坐一会儿，也可以让学生把事情的经过写下来，这样既能帮助辅导员详细地了解情况，也能让学生的情绪得到释放和缓解，在这个过程中，辅导员也可以利用这个时间进行分析和思考。

3. 调研情况，找准问题关键点

科任教师进行了电话反馈，辅导员要积极配合科任教师，同时，要进一步了解情况，摸清事情的来龙去脉。此外，辅导员要向当时在场的学生干部或者普通学生详细询问事情的来龙去脉，必要时也可以让学生提供书面材料。等当事学生的情绪平静下来后，辅导员可以跟当事学生进行谈话。谈话的时间最好是学生已经写完事情的经过，辅导员已经基本上了解事情前因后果的时候。通过调研，详细了解，能够帮助辅导员正确判断问题的关键点，做到及时、准确地解决问题。

4. 教育疏导，妥善处理

辅导员在详细调查、掌握情况的基础上，根据责任的认定可以进行以下处理。

(1)学生负主要责任。如果情节严重,辅导员应该立即向上级部门进行汇报,移交校方处理,辅导员积极协助和配合。如果情节较轻达不到处分级别,辅导员应该对学生进行批评教育,指出学生的错误,递交检讨书。辅导员应该教育和引导犯错的学生向科任教师道歉并做出书面检讨,力求科任教师的谅解。辅导员要帮助学生协调好同科任教师的关系。因为事情发生在课堂,为了营造良好的班风,当事学生应该在全班同学面前做出检讨。辅导员应该将学生的违纪行为和处理结果告知家长。如果情节轻微,师生双方已经和解,辅导员可以不将此事通报给家长,也不一定需要在全班学生面前进行检讨,但是在召开班会时,辅导员要对其行为在全班面前进行批评教育。

(2)师生双方都有责任。辅导员要分别做好学生和科任教师的工作。辅导员在与当事学生进行沟通和谈话时,要站在学生的角度看待和分析问题,充分理解学生的想法和行为。要严肃指出学生存在的明显错误,要求学生针对自己的错误做出深刻检讨,鼓励和引导学生能够主动承担责任。要教育和引导学生站在科任教师的角度去思考问题,帮助学生理解科任教师的行为。要指导学生今后遇到这种问题时,应该如何处理。在同科任教师进行沟通和谈话时,要充分理解科任教师的要求和困难,同时,要将学生的难处和想法传达给科任教师,得到科任教师的谅解和认可,辅导员要向科任教师表达今后学生教育和管理的思路和做法。同当事的师生双方充分沟通和谈话后,在辅导员的陪同下,安排科任教师同学生进行当面沟通。辅导员要及时提醒学生,克制情绪,保持冷静,防止扩大冲突事态。

(3)教师负主要责任。辅导员应该对学生的行为表示理解,要安抚好学生的情绪,同时要教育和引导学生,即使是科任教师有错或者有责任,也要考虑自身的责任。辅导员要主动同科任教师进行沟通,代表学生向科任教师表达歉意。辅导员也要同学生一起,共同商议同科任教师相处的方式和方法,要注意维护科任教师的形象。如果科任教师的行为明显侵犯了学生的权利,辅导员可以向上级主管部门进行汇报和反映。

三、实施方法

1. 多方调查，还原真相

为了对事情了解得更加清楚，辅导员老师要进行多方调查。辅导员首先同班干部进行了个别谈话，班干部详细描述了事情发生的原因，冲突的根源是小古的疏忽，在上课之前科任教师一再强调在操作仪器时要注意的问题，全体学生都非常谨慎。结果小古偏偏出现了误操作，科任教师非常担心会损毁仪器，所以就批评了小古。小古开始的时候没有吭声，后来没有忍住就开始跟科任教师反驳，科任教师也很生气，所以冲突就升级为小古没上完课摔门就走了。班干部强调科任教师在上课时一再告诫同学们因为仪器非常贵重，操作时要格外小心。事情发生之后，科任教师本来就很生气，结果小古还顶嘴。班干部谈到小古的脾气比较暴躁，在此之前曾经发生过同科任教师顶撞的事情，跟班级学生相处时也非常容易急躁。辅导员同小古的舍友进行了谈话，了解到小古是东北人，性格直爽、火爆，父母对小古也是疼爱有加，所以有的时候小古有些任性，脾气不好，很容易被激怒。

2. 沟通了解，力争协调

师生发生冲突之后，大部分科任教师会有一定的情绪。辅导员在详细了解事情的经过之后，要同科任教师进行积极沟通。辅导员要耐心、认真地倾听科任教师反映的问题，积极主动平复科任教师的情绪。要根据对事情的了解、对学生的掌握，向科任教师说明情况，清楚了解科任教师的要求。通过与科任教师沟通，辅导员发现科任教师正常履行教育职责，是学生未能控制情绪，引起冲突。针对这次事件，科任教师的要求是学生要认真反思，做出检讨，避免出现类似情况，影响正常的课堂秩序。辅导员同科任教师进一步了解了整个班级管理的情况，是否存在其他问题，帮助辅导员做出调整，加强对班级的教育和管理。

3. 动情晓理，教育学生

了解到事情的真相，明确科任教师的要求，在对小古的教育问题上，辅导员老师就更有针对性了。辅导员老师与小古进行了面对面的谈话，先让小古说一说事情发生的经过，让小古自己反思这件事情的原因和对策。辅导员发现小古在谈话的过程中已经出现了后悔的想法。她在反思这个事情的过程中，重新梳理了思路，重新进行了认知和评估。她认识到确实是自己有错在先，科任教师批评自己是非常正常的。由于自己的脾气不好，管理不好情绪，遇到问题容易急躁，很容易做出冲动的行为。现在想想感觉非常后怕，担心没有机会完成这门课程，考试会不及格。辅导员老师让小古认识到自己的错误，同时，帮助她同科任教师联系，主动向科任教师道歉，向科任教师做出保证，一定不会再次发生扰乱课堂秩序的行为。由于小古认错态度良好，而且，违纪情节较轻微，辅导员没有强行让小古在全班学生面前进行道歉和检讨，为小古保存了颜面。

4. 教育为主，标本兼治

这个事情发生后，通过了解，辅导员注意到小古的性格特点，发现小古是班级中需要重点教育和关注的学生。后来，小古有一次旷课，辅导员通知小古到办公室进行面对面的交流。小古给辅导员老师发了很长的一段短信，主要的意思是感觉辅导员不理解她，不信任她等。通过几次接触，辅导员发现小古可能受到环境的影响，与别人沟通和交流时具有防备和攻击的心理。辅导员运用人际沟通的原理和理论，通过对自我的重新建构和解构，引导学生正确认识自我，树立良好的自尊心，减少对别人言语的防备和攻击。

四、实施效果

1. 师生关系恢复正常

经过沟通和交流，科任教师同小古的关系得到根本的改善，学生能够充分认识到自己的不足，在其后的学习生活中，没有再次出现同教师冲突的情况。

2. 学生积极上进，学业取得较大成绩

通过这次事件，小古认识到自身情绪管理方面存在的缺陷，积极加以改进，人际关系有了明显好转。在与辅导员的交往过程中，小古充分感受到辅导员的信任和认可，对自己更有自信，将精力放在学习上，毕业时，小古顺利取得学位并成功被国外某著名高校录取为研究生。

五、经验启示

师生冲突，经常是由小事引起的。控制事态发展的主要力量来自教师，这不仅是因为师生双方的地位存在显著差异，而且是因为教师的职业要求如此。面对师生冲突，辅导员应该注意以下几点：

（1）树立角色意识，控制自我情绪。虽然辅导员也是普通人，在面对问题学生和家长时，辅导员也会气愤难耐。但是，辅导员要学会在学生和家长面前控制情绪，保持冷静。原因是你是辅导员，学生和家长是工作对象，教育是辅导员的工作职责。作为辅导员，相对学生和家长，是教育专业人士，所从事的是一种与人交往的特殊职业，应该做出普通人做不出的不普通的行为。所以，尽管辅导员经常会遭受委屈、误解，必须明确，这是辅导员的职业特点。辅导员要时刻提醒自己“在学生面前永远保持冷静”。

（2）作为科任教师，应该做到自己的课堂自己负责，除非万不得已，不应该把问题扔给辅导员解决。总是和学生出现冲突，一有问题就把学生推给辅导员的科任教师，是不合格的。但是，因为科任教师的能力、水平、个性不同，或者事情超过科任教师能解决的范围，辅导员就不得不介入。在平时工作中，辅导员要同科任教师保持良好的同事关系，辅导员的积极态度和融洽的同事关系有助于缓解和及时平息师生冲突。

（3）冲突事件发生后，要以此为教育资源教育全班，以后面临这种情况，当事人应该如何应对，周围学生应该采取什么行动、班干部如何行动。辅导员要在班级设置“高压线”，积极维护教师形象，尤其重要的是，要让学生意识到发生师生冲突对班级造成的负面影响。

（4）整个过程中，辅导员要做好相关记录，保留有关资料。处理结束后，辅导员应该及时进行分析和总结，将整个处理的流程、方法作为今后工作的指导和借鉴。

第二节 突发坠楼事件的处理

一、案例简述

小吴，女，平时性格内向，少言寡语，内敛低调，与班级同学接触和交往不多，但也没有任何矛盾，没有与其他学生发生过任何冲突。小吴生活朴素，闲事很少，学习比较认真，学习成绩在年级名列前茅。大四开学，经过资格审查和面试选拔被推荐免试录取为某知名大学硕士研究生。该生与导师取得联系，提前进行实验室科研工作，由于学习认真，虽然是毕业生，也被推免为硕士研究生，小吴仍然像其他学弟学妹一样，经常到实验室做实验。每个月，班主任会同班级学生进行定期谈心谈话，了解学生的心理状态、就业情况、思想动态等，在整个过程中，班主任同小吴进行了多次交流，没有发现任何异常。临毕业前，5 月底的一个周末下午 5 点，辅导员接到学院低年级一名学生干部的电话，说有人从其所住宿舍楼坠落，初步判断应该是六楼公共卫生间的位置，具体原因和伤情目前不晓。经过辨认，确定是本学院的毕业生小吴。

二、解决思路

教育部 2014 年 3 月印发《高等学校辅导员职业能力标准（暂行）》对高校辅导员的基本要求和各级能力标准进行了规范与要求。标准中，列举了辅导员 9 项职业功能的工作内容与工作要求，其中之一就是危机事件应对。

危机事件发生具有一定的突发性和不可预见性，甚至具有严重的危害性，如果处理不当，容易影响正常的校园秩序，带来严重的社会影响。妥善处理危机事件，构建危机事件管理体系是辅导员工作的基本要求，也对辅导员的综合素质、应变能力提出了更高的要求。

1. 救人第一，及时告知

在这个极端危机事件中，辅导员首先要做的是救人，要采取各种措施及时救助受伤害的学生，要立即联系并告知学生的监护人。

2. 情节严重，立即上报

由于涉及学生的生命，此类事件属于重大突发事件，辅导员应该立即向上级领导进行汇报，妥善处理。

3. 安抚协调，妥善处理

辅导员作为学生家长和学校的沟通关键人物之一，要积极安抚家长的情绪，充分考虑家长的感受，及时将家长的愿望与诉求反馈给校方。同时，作为学校的工作人员，辅导员要遵守学校的相关规定，维护好学校的正当权益，要充分发挥好沟通者和协调者的角色，妥善处理突发事件。

4. 考虑周全，减弱影响

由于学生坠落发生在人员密集的校园，该事件对附近住宿的学生产生了一定的心理冲击，辅导员要采取措施，减弱对他们心理的影响，做好心理帮扶。

三、实施方法

1. 立即救人，及时报警，随时汇报

辅导员接到电话后，安排学生干部立即拨打急救电话120，拨打紧急报警电话110，立即向上级领导进行汇报，第一时间同学生的家长取得联系，要求其家长以最快的速度赶往学校，然后火速赶往现场。路上，辅导员接到电话，救护车已经赶到，辅导员立即到达救助学生的医院，办理相关手续，紧急施救。

2. 协助配合警方依法处理

坠楼事件发生后，警方到达现场，对可能的坠楼点、坠落点以及小吴宿舍等位置进行了勘察。警方检查了小吴的书包、衣柜、床铺等，对小吴坠楼的原因进行调查，辅导员同小吴舍友一起到派出所做了笔录。舍友反映小吴性格比较内向，平时行动喜欢独来独往，但是跟宿舍舍友的关系一向比较融洽，同班级其他学生的交往和接触不多，坠楼前也没有听说与班级同学出现矛盾和冲突。当天下午，小吴并没有任何异常，在离开宿舍的前一秒还有说有笑的同舍友交谈，从宿舍出去不到5分钟，小吴就从该宿舍的楼上一层坠落下去了。经过班级学生干部证实，小吴宿舍有多名党员，平时宿舍关系和谐融洽，宿舍成员能够做到互帮互助。警方在小吴隐藏的包中发现了疑似治疗抑郁症等病症的药物若干。家长到达后，警方对家长也进行了取证，初步判断排除他杀。

3. 管控分歧，抚慰家长

由于学生坠楼的楼层太高，虽然经过最快的救助，最终学生因为伤情过重不幸逝世。家长到达后，在学院领导的安排下，辅导员陪同家长到医院看望了学生，向学生家长告知了发现学生坠楼后采取的措施，对家长的遭遇表达了最深切的同情和理解。辅导员陪同家长到当地派出所做了笔录，听取了派出所对坠楼事件的判断。学校和学院领导同家长进行了安抚、沟通和交流，学生家长也提出了一些要求。

4. 耐心细致，体贴周到

辅导员始终坚持“人死为大”的原则，充分考虑家长的遭遇和心情，不管家长的言语和行为如何，辅导员老师们始终做到耐心细致，体贴周到，尽量满足家长的诉求。学院领导和辅导员一起陪同家属到小吴所在宿舍整理了遗物，协助家长迅速处理好小吴同学的后事，最终让不幸早逝的小吴同学入土为安。

5. 疏导情绪，消除隐患

小吴坠楼事件发生在人员密集的校园，学院部分学生目睹了整个坠楼过程，造成较大的心理压力，尤其是小吴舍友，情绪非常低落。鉴于此，各年级辅导员和班主任召开了班级心理委员、宿舍心理预警员会议，对受到冲击、存在异常情绪的学生进行了摸排，同重点和问题学生进行了谈心谈话，了解学生的思想和心理动态，对学生的情绪管理进行指导，对学生的心理调节给予帮助和建议。学院组织了相关心理健康讲座，帮助学生面对和处理自身的心理危机。同时，再次强调和畅通了学院心理辅导员、学校心理咨询师的信息渠道，方便学生及时进行预约，帮助学生排解不良情绪。

四、实施效果

(1)学生家长积极配合学校的安排。由于处理妥当,学生家长对学校、学院做出的决定和建议表示理解,对学校的安排表示接受,整个过程都是积极配合,没有出现严重的冲突和对抗。在学校领导、学院领导以及辅导员的陪同和协助下,学生家长很快处理完小吴的后事。学生家长于坠楼事件发生后的第二天离开学校,返回家乡。

(2)在校学生的情绪出现波动,但是迅速恢复正常。事件发生后,虽然部分学生的情绪出现较大波动,尤其是小吴宿舍周边所在宿舍的学生,情绪比较激动,但是经过心理疏导,学生的情绪很快平静,学院的教学和生活秩序恢复了正常。

五、经验启示

通过这个案例,提醒辅导员同仁们,处理大学生非正常死亡的突发事件,要具备相关的素养,要掌握一定的方式和方法:

1. 依法依规,协调沟通

辅导员是最基层的危机事件处置者,既要维护学校利益,也要及时反映家属各种合理或不合理要求。在处理这种突发事件时,一定要依据法律法规,及时传达信息是非常重要的。

2. 辅导员要有同理心,要充分理解和化解家属的悲痛情绪

不管什么原因学生发生了意外身亡,作为学生家属,肯定是最悲痛的。作为辅导员,一定要有同理心,站在学生家属的立场上考虑问题,充分考虑到家属情绪等因素,谨言慎行,尽可能化解家属对学校的不解和敌意。

3. 维护学校的正当利益

家属有时会把我们当成“自己人”,会想方设法了解学校、学院决策的相关信息,在这个时候,我们作为最前线、最基层的工作者,要坚决维护学校利益,掌握好回答技巧。

4. 慎待媒体

出现危机事件后，极少数的家属出于自身利益的需要，通过将事情“闹大”“搞大”的方式达到自己的目的，有的家属甚至会带记者来采访学校、学院或者辅导员个人，甚至让记者来进行各种“暗访”，这个时候不管采访的事情是我们知道的还是不知道的，都要遵守相关纪律，不随意发表意见，可按学校有关规定让媒体找宣传部门统一接受采访。

5. 做好疏导，化解在校学生心理危机

出现突发危机事件，尤其是学生死亡事件后，周围同学一方面非常悲痛，另一方面也会产生一定的恐惧心理，这个时候要及时进行个体心理辅导和团体心理辅导，避免出现其他意外情况。

第三节　致命的爱情

一、案例简述

小余是一个聪明漂亮的音乐类大学生，主修声乐，努力上进，因为声乐专业技能突出，小余多次登台演出。小文是一个帅气、诚恳的小伙子，学习认真刻苦，多次在演出中担任主持。年轻的小余和小文被各自优势吸引，很快成为恋人。成为恋人的两个人形影不离，尤其是小余，自从和小文建立了恋爱关系，同本宿舍的舍友疏离很多，几乎所有的时间都跟男友在一起，回到宿舍后也很少跟舍友交流。在班主任和周围同学的眼中，两个人的爱情非常浓烈，但是，两个人的关系又隐隐让人担忧：感情好时，两个人相爱如蜜；感情不好时，两个人吵得不可开交，互相伤害。2019 年 6 月的一天傍晚，小余落入校园观景湖内，由于观景湖周围人流较少，小余呼救时未得到及时发现，小余被救上来时已经持续落入水中 5 分钟左右了，周围群众拨打了 120，紧急送往医院。

二、解决思路

(1)积极施救,不放过任何生还希望。发生坠湖等意外事故,作为辅导员,要立即指导现场学生或者亲自拨打120,紧急求援,第一时间挽救学生的生命。要拨打紧急报警电话,对学生坠湖事件进行调查。要第一时间进行汇报,在上级领导的指示下迅速行动。要联系家长,告知家长学生在校出现异常情况,要求家长尽快赶往学校。

(2)协助调查,追踪真相。辅导员要积极协助警方、学校保卫处等相关部门进行调查,追踪事故发生的原因和真相,明确事件的相关责任人。

(3)抚慰家长,缓解情绪,尽最大努力为学生家长提供服务和帮助。学生发生意外事故,学生家长是最悲痛的人,辅导员要具备同理心,设身处地考虑家长的感受,有时候需要忍受家长的激动情绪和不恰当的言行。当学生家长出现这种情况时,辅导员不能产生抵触或者对立情绪,不管学生家长的言行如何,要履行好自己的教育者职责,尽最大努力为学生家长提供服务和支持。

(4)这个事件中,要考虑是否涉及在校学生,尤其是学生的男友。如果事件涉及其男友,辅导员要注意对其做好心理疏导和安抚,要密切关注其男友的思想和行动,杜绝出现异常行为。同时,要对其男友做好教育和引导,使其配合警方和校方调查,如果存在明显过失负有一定责任,要协助教育和指导学生履行相应责任。

三、实施方法

1. 紧急救助,及时联络

这个案例中,学生被送往附近医院,通过排查,辅导员确定学生的具体信息。辅导员第一时间向学院上级领导进行了汇报。辅导员带领主要负责学生第一时间赶往医院,了解学生的治疗进展,在医生的指导下对学生做好照顾和护理。到达医院并向主治医生了解了学生的病情和治疗现状后，辅导员同家长取得联系，简要说明了学生的情况，通知家长尽快赶到学校。

2. 协助调查，落实责任

辅导员要积极配合警方和校方进行调查。当日，在辅导员的陪同下，警方到达保卫处，调取了事发当天的监控，识别当时学生的面貌和行踪。随后，警方根据搜集的资料，对小文以及辅导员进行了问询和取证。在对小文进行问询的过程中，辅导员全程进行陪同，对小文做出安慰和疏导，缓解小文的悲痛情绪和恐惧心理，防止小文出现其他过激行为。由于在小余发生坠湖之前，小文是最后一个跟小余在一起的人。在小余坠湖前，小余的手机通话记录显示，小余跟小文有多个通话。事件牵涉到小文，根据警方的要求，辅导员同小文家长进行了联系，简单介绍了事件，要求其家长尽快赶到学校。

3. 安抚情绪，协调双方

学生家长到达后，协助做好学生家长的食宿问题，全程陪同家长等待小余的治疗。小余因为溺水事件过长，不幸逝世，学生家长非常悲痛，对小余的男友小文以及其家长，表达出激烈的愤慨和过激的行动。辅导员分别从小文和小余的立场和角度分析问题，帮助双方家长在赔偿、责任和要求等方面进行协调，力争让小余尽快入土为安。

4. 心理疏导，避免悲剧

在小余逝世前，虽然小余和小文有激烈的争执，甚至双方存在分手的打算，但是，小文和小余的感情非常深厚。小余坠湖事件之后，一方面小文对恋人的逝去感到悲痛，对恋人有着深深的眷恋和思念，另一方面小文对自己充满着深深的自责。事件发生后，小文的精神状态非常糟糕，沉浸在深深的自责和伤痛中。尤其是面对小余家长的伤痛、质问和痛斥，小文甚至多次出现轻生的念头和举止。辅导员嘱咐小文家长要时刻陪伴在小文身边，防止小文出现轻生等过激行为。同时，辅导员联系了心理咨询师，由心理咨询师对小文进行心理疏导和治疗，帮助小文尽快走出负面的情绪。

5. 加强教育，提高素质

事情发生后，召集全体辅导员、班主任召开心理安全专题会议，对此项事件和处理结果进行了通报，安排和部署对心理异常学生的摸排。组织爱情、情绪、压力管理等心理健康教育讲座和座谈会，帮助大学生正确认识爱情、情绪、压力等，引导学生提高自身心理素质。

四、实施效果

（1）双方顺利协商，小余入土为安。在学院领导的统筹和安排下，在辅导员的多方协调下，双方家长取得了相互的理解，进行了正向沟通，积极配合学校和学院的协调和处理结果，最终，小余家长同意让小余尽快入土为安。

（2）小文情绪得到有效控制，完成学业。事情发生后，虽然小文仍然很悲痛，但是情绪基本得到控制，能够适应大学的生活和学习，完成了本科学业，取得毕业证和学位证。

五、经验启示

大学生对于恋爱还处于一个不成熟或迷茫的阶段，恋爱的关键是建立亲密关系。如何建立亲密关系，是大学生面对的重要课题。

1. 树立正确的爱情观，发展积极、健康、向上的亲密关系

根据李约翰的理论，恋人之间通常有六种恋爱方式，包括游戏式爱情、实用式爱情、激情式爱情、占有依恋式爱情、友谊式爱情、奉献式爱情等。

（1）游戏式爱情。这种爱情方式是易变的、随意的。树立这种爱情观的恋人会把爱情当作一种游戏，拒绝依靠任何一个人，也不鼓励另一半的亲密行为。这种恋人的基本把戏是同时周旋于几个情人之间，处理好每一段关系，尽量不让几个伴侣相见，这就是常见的花心、滥情。

（2）实用式爱情。这种爱情方式是一种有逻辑的、理性的爱情。情侣将爱情建立在资产、责任等的基础之上。这种爱情中的情侣会充分考虑经济安全的因素，也会充分考虑实际情况，通常情况下，这种爱情方式的情侣很少会陷入跨种族的、远距离的、年龄差别大的爱情中。

(3)激情式爱情。这是一种激情与浪漫结合的爱情,这被认为是最常见的爱情。经过研究发现,更加浪漫和充满激情的情侣,比那些避免亲密关系只是相互游戏的情侣在一起的时间更加长久,感情更加稳定。

(4)占有依恋式爱情。这样的恋人会使人感受到强烈的情感需求与疯狂的占有欲,两个人之间的感情往往会朝着失控的方向发展。

(5)友谊式爱情。这是一种冷静的、和缓的、无性的、毫无激情而言的爱情。尊重、承诺、友谊以及熟悉是用于界定这种关系的几个特征。关系稳定、相敬如宾、结婚时间较长的夫妻之间的爱情,通常就是这种类型。

(6)奉献式爱情。这种爱情主要体现是情侣之间无私的、完全不求回报的给予。处于这种爱情方式的情侣,他们只关心对方的幸福与成长,不关心自己的利益得失。

2. 了解建立亲密关系的重要因素

建立亲密关系,需要情侣双方愿意为了彼此的互动更加积极向上、充满乐趣做出积极的努力。如努力去记住对方喜欢的事情,或者一方做出改变,培养两人之间的共同爱好等。

(1)建立亲密关系,需要情侣双方愿意一起完成一项任务共享时光和过程,这个任务可以是课堂上的小组展示,也可以是晚会上的节目,两个人通过合作培养默契,互相熟悉行事逻辑和办事风格,此外,共享也包括社交网络的共享,即认识双方的亲人、朋友,融入对方的生活圈子。

(2)建立亲密关系,需要情侣双方对爱情做出承诺。情侣双方的承诺,能够帮助对方确认自己、对方对这份感情的重视程度,让投身这段感情的情侣双方获得安全感,愿意为这段关系付出更多的感情和经历。

(3)建立亲密关系,需要情侣双方愿意分担。这就意味着面对一些压力性事件,情侣双方能够携手同行,共同处理。如一方的亲人发生意外,另一方陪在左右,安抚其情绪,提出合理建议,参与到事件的处理中,帮助自己的情侣渡过难关。

3. 理解破坏亲密关系的主要行为

某些行为不利于情侣之间亲密关系建立,主要包括以下几点:

(1)害羞。由于两个人的亲密关系是建立在自我表露或者说开放性沟通上的，而害羞，是一种在社交场合中会出现退缩的社会行为和神经性紧张的症状，是不利于亲密关系展开的。由于担心来自他人的负面评价而不愿袒露自己的内心想法，切断了与他人之间建立密切联系的途径，从而给别人留下渴望逃避的负面形象。

(2)嫉妒。嫉妒通常发生于当人们面临自己所珍视的关系输给自己真实的或者想象的竞争对手的时候。有时候，情侣嫉妒有助于让自己及时采取措施避免自己在这段关系中受到忽视。如果嫉妒不可控，对情侣双方的交往是一种严重的伤害。

(3)欺骗。欺骗指的是欺骗者故意给受骗者造成一种假象的行为。有些欺骗涉及隐瞒信息或转移真相。出于对情侣的信任，谎言并不容易被识破，所以说谎者通常都能得逞。但是，就算谎言并未被识破，欺骗仍然会破坏亲密关系，因为欺骗存在被识破和拆穿的风险。

(4)背叛。背叛充分说明了关系的贬值，让被背叛的一方痛苦地意识到情侣对自己的爱恋、尊重和重视程度。背叛是对感情最直接的伤害。

第四节　突然失联的女生

一、案例简述

2020 年春季的一天晚上 11 点钟，宿舍楼门已经关闭了，班主任老师突然接到电话，说同宿舍的小纯跟舍友打了声招呼外出后始终没有回来，小纯离开宿舍后不久，同宿舍的小钟同小纯进行了电话联系，此后再打电话就已经关机了。小钟说小纯虽然对同宿舍的同学非常友善，但是性格相对比较内向，近期看着小纯有些心神不宁，但是舍友们又没有明显的证据，小纯离开宿舍未归，舍友们担心小纯会做出一些傻事，因此都非常着急，所以第一时间联系了班主任，寻求解决的办法。

二、解决思路

1. 及时告知家长

学生出现失联，要第一时间联系家长，这样做的目的：①要将学生的异常情况汇报给监护人；②确定学生是否离校回家；③通过家长可以了解一些情况，如家长是否知道学生的去向，或者学生习惯做什么事情等。同时，也能让家长配合学校一起寻找失联学生。

2. 根据情况，及时报警

由于学生近期情绪比较低落，学校当地也没有学生比较亲近的人，学生去往亲戚家的可能性不大，学生出现关机等情况比较异常，因此要及时报警。

3. 发动各方，组织寻找

报警后，由于学生失联时间未超过24小时，因此尚不能够立案。在这段时间，为了确保学生安全，应该发动各方力量外出寻找，力争能够尽快找到学生。

4. 根据情况，做好应对

根据找寻的情况，思考下一步的措施，做好应对。

三、实施方法

1. 联系学生，告知家长

学生一直无法取得联系，班主任老师第一时间跟学生家长取得联系，家长告知班主任老师小纯没有同家长进行过通话，家长打电话也已经关机。家长告知班主任老师学校驻地没有小纯的亲友、同学等熟人，小纯不会在自己熟悉的地方停留。家长也表示会一直同小纯联系，如果小纯联系不上，家长将尽快赶往学校。班主任告知家长学校的下一步措施，征求家长的意见和建议。

2. 及时报警，多方寻找

学生失联，经过家长同意后，学校向最近的派出所报了警。在失联时间未超过24小时之前，警方尚未进行立案。在这段时间，学院成立由学院领导担任组长，辅导员、学生干部以及小纯所在班级学生担任成员的救援小队，小队分成了若干小组。一组在班主任的带领下去查找监控，另外3个小组在辅导员老师的分别带领下到附近网吧、火车站、汽车站、宾馆等地方查找。

3. 给予温暖，感受关怀

学院安排专人不间断跟小纯电话联系，确保万一小纯回心转意能够第一时间联系到小纯。此外，学院建议家长并安排学生干部、班主任通过微信、QQ等给小纯发送信息，询问小纯的去向，表达对小纯的关心和挂念，希望小纯看到后能够受到触动，感受到家长和学院的温暖。

4. 充分利用互联网技术设法进行寻找

通过查看监控、周边搜索，没有发现小纯的踪迹。这时，学院发现小纯发布了一条带图朋友圈，大意是感觉生活不顺心，有自杀的倾向。小纯的这条朋友圈让全体人员感到既欣慰又担心，欣慰的是小纯目前尚无生命危险，担心的是小纯随时可能做出不理智的行为。警方通过查看小纯使用银行卡的记录，定位小纯在内蒙古某县城，警方、家长以及班主任老师火速赶往该县城，经过图片比对，终于找到该生所住的宾馆，该生正在计划结束自己的生命。

5. 深入谈话，寻找根源

找到小纯之后，班主任老师同小纯进行了深入的谈话，了解小纯的想法，解决小纯的思想问题。通过交谈，了解到小纯的家庭背景比较复杂。小纯的家庭是重新组合的家庭，小纯同父异母的姐姐非常优秀，小纯从小就生活在姐姐的阴影之下。虽然父母和姐姐都非常疼爱自己，但是同姐姐相比，小纯一直感觉很不满意。在校期间学习成绩一直不是很好，几次课堂表现感觉也非常不好，小纯觉得自己很没用，很差劲，怎么努力都不能变得更好，因此有了轻生的念头。

6. 家校合作，形成合力

学院同家长进行了深入的沟通，将小纯的原因告知家长，建议家长先带小纯回家休息，必要的话可以到专业心理咨询机构进行诊治。家长带回小纯不久，小纯办理了休学手续，回家进行调整。

四、实施效果

行动迅速，及时发现，挽救生命。由于学生干部比较负责和敏锐，发现小纯异常后及时上报，同时学院和家长及时采取行动，采取有效措施，确保学生生命安全。

五、经验启示

1. 提升学生干部综合素质

学院要选拔有责任心、能力强的学生担任学生干部，同时加强对学生干部的培训。尤其是应该设立宿舍心理预警员、班级心理委员等心理健康教育学生骨干队伍，要对这支队伍进行培训。教育引导这支队伍积极主动关心和关注身边的同学，帮助需要而且能够提供力所能及帮助的学生。教授给这支队伍具体方法和技巧，及时发现宿舍、班级心理或者行为异常的学生，及时上报给辅导员老师，尽早进行干预和教育。

2. 加强大学生生命教育

首先，要树立正确的生命教育理念，强化生命意识。学校要通过积极宣传和倡导，提高大学生生命教育的重视程度，强化学生的生命意识。其次，要依托思想政治教育课程、心理健康教育课程、大学生职业生涯规划课等课堂教学，充分挖掘课程中丰富的生命教育教材，向学生传达符合时代要求的生命观和价值观，教育和引导学生热爱生活、珍惜生命。再次，要开展丰富多彩的校园文化活动，培养学生的生命情感。生命教育不能仅仅局限于课堂，课堂之外丰富多彩的人类实践蕴含着巨大的生命教育资源，学校可以利用各种实践途径培养学生的生存感受能力和生命情感。如通过组织野外活动来增进学生个体对苦难的体验，从而更加珍爱自己的生命。校园文化实践活动给学生以心灵的震撼和人格的陶冶，有利于学生在活动中体验、感受生活之美，培养生命情感。

3. 推进家校育人工作，强化立德树人家庭教育

高校应该构建及时高效的家庭教育指导服务体系，引导广大家长树立正确的教育观和成才观。高校各学院应该结合学院背景、学科特色、学生特点，充分利用学院特有资源，依托学院微信公众号、微信家长群、线上会议等方式，积极拓展宣传渠道，加强和推动家校育人工作。

第五节　二十万元的网上追讨金

一、案例简述

2019 年的一天，辅导员在办公室一连两天接到电话，自称是买方，举报学院大四学生秀秀（化名）在某宝店铺中售卖某当红男星相关海报、图片、挂件等物品，购买付款后秀秀却迟迟不发货，买方跟秀秀联系，秀秀的态度非常恶劣，拒绝沟通和反馈。辅导员老师接着就打电话跟秀秀联系，秀秀说跟她没有关系，是自己的一个朋友刘某（化名）在开网店，秀秀说已经跟刘某交涉了，刘某说尽快发货。辅导员以为事情得到了解决，结果第二天在多个热门微博网站出现某某大学某某学院秀秀失信，消费者购买产品不发货，学校不予以处理的热门帖子，学院相继接到学校宣传部以及本地媒体记者的询问电话，说秀秀涉嫌诈骗近 20 万元，校外大量买家关注并投诉此事，该事件社会影响很坏，需要紧急处理。辅导员同秀秀进行了进一步的沟通，发现事情并不像秀秀第一次说的那么简单。刘某是秀秀在网络上认识的朋友，两人只见过两次面，更多的是在网上进行交流，秀秀并不真正了解刘某的职业。由于刘某和秀秀都喜欢该当红男星，经常分享该当红男星的照片、海报等，交流追星的感受和心得，时间久了，秀秀将刘某视为知己。当刘某提出

开设网店售卖该当红男星照片、海报等相关产品时，秀秀非常支持。刘某以自己的身份证丢失为由使用秀秀的身份证进行开店，秀秀没有多想，很爽快地就把身份证借给了刘某。刘某售出价值近二十万元的商品，收款后并没有发货，秀秀多次跟刘某联系，刘某答应发货，但是迟迟没有行动。近期，刘某直接关机，秀秀无法联系。

二、解决思路

解决问题有两个关键，一是秀秀的行为确实造成买方利益受损，引起大量买方愤怒的原因就是秀秀没有做出妥善的处理和回应，买方的诉求就是发货或者还钱；二是刘某涉嫌诈骗，秀秀也是一名受害者，一方面要减轻秀秀的心理压力，同时对秀秀进行教育，另一方面要帮助秀秀同刘某进行交涉，维护秀秀的权益。

三、实施方法

1. 联系家长，分步解决

由于秀秀参与的事件涉及金额较高，超出学生个人和学院的解决范畴，该事件引发较严重的网络舆情，所以学院尽快与秀秀家长进行了联系。秀秀家长已第一时间赶往学校。学院将该事件进行了详细的通报，与秀秀家长进行了沟通，给出了建议。秀秀家长认为，由于秀秀是某宝网店的名义店主，解决的办法是尽快为买家退款。秀秀家长提前支付给买家，其后，秀秀家长同刘某进行沟通，告知刘某涉嫌违法，将对刘某进行起诉。

2. 网上发声，表明态度

由于购买刘某店铺商品的买家较多，而且比较年轻，善于利用互联网，他们在微博网站上持续发声，引发网络舆情。学院根据买家诉求，迅速在网上表明态度和措施，给疯狂发布信息的买家一个比较圆满的答复，降低网上相关帖子的热度。

3. 教育学生，吸取教训

在学生家长到来之前，对学生做好关注和陪伴，避免学生出现思想和心理问题。在事情得到解决之后，对学生进行安全教育。引导学生懂得保护自己的正当权益，要慎重交友，同时要树立正确的金钱观。

四、实施效果

由于处理迅速得当，突发的网络事件很快得到平息和解决；学生受到教育，在大学期间没有再次出现类似受骗情况。

五、经验启示

1. 教育学生增强自我保护意识和自我防范意识

辅导员要教育学生保管好自己的身份证，不要借给他人使用，也不要委托他人代为复印，身份证复印件在应用中可注明身份证的用途。防止他人借用身份证办理各种银行卡、电话卡、借记卡等相关的有价凭证，造成重大经济损失，更不能因为有小礼物就将自己的身份信息随便提供给他人。

2. 提升辅导员网络舆情处理能力

(1)应该加强培训，提升辅导员网络舆情应对实际能力。在辅导员日常培训中要将网络舆情处理作为重要环节，不仅要有理论知识的培养，更要有实践环节的提升和锻炼，内容应当具有广泛性，不局限于几种突发网络舆情事件，举办沙龙、分享会等，相互交流经验，拓展工作思路。辅导员面对新媒体环境下的新形势，应当与时俱进，及时更新工作理念和方式方法，学会利用网络平台关注特殊学生群体动态，提升对于网络舆情的敏感度及研判力，尽可能搭建网络预警平台，减少事故发生。辅导员自身应当把握好在突发网络舆情事件防范工作当中的主动权，针对社会热点事件及时关注学生动向，密切关注重点学生，及时发现问题、排除安全隐患。

(2)建立网络舆情事件多方联动应急机制。网络舆情事件的妥善处理离不开学校各个部门之间的协调与配合，高校应当建立起应急事件联动机制。辅导员在核实情况后应当第一时间将情况汇报给上级领导，并且联动学校其他相关部门如宣传部、保卫处、教务处等积极配合特殊时期的应急处置工作,群策群力,做好应急资源的调动。辅导员要积极与学生导师、家长等沟通,及时向他们说明情况,做好安抚工作。此外,辅导员在日常工作中要有计划、有策略地培养一批政治站位高、工作能力强、群众基础好的学生骨干,在遇到突发情况时,能够将学生干部在学生群体中的话语权充分利用起来,发挥他们在教育引导、价值认同等方面的优势,向其他同学积极渗透正确的价值观。

(3)完善网络舆情事件的善后处理。突发网络舆情事件的潜在影响并不会随着事件的结束而彻底消失,因此完善后续处理也是不可或缺的工作。辅导员要将对学生的教育和引导放在首位,化不良影响为教育契机,在班级、党支部范围内做好督导工作及安全教育等,发挥思政育人作用,使学生充分认识到事件后果,防止再次发生不良事件。辅导员要在事件发生后及时关注学生思想动态,对于学生产生的负面情绪和恐慌心理要进行及时疏导,根据突发事件的不同特点有针对性地开展辅导工作,驱散可能给学生造成的负面影响。辅导员要有效利用网络舆情监督系统,及时跟进事件所造成的舆情,对于学生的失当言论及时干预引导,防止事件影响进一步扩大,损害学校声誉。

第七章 学风建设类案例分析

第一节　榜样力量在学风建设中的作用

一、案例简述

学风建设是高校永恒主题，是高校实现人才培养目标的根本条件，如何构建良好学风，是高校辅导员应该面对和积极思考的工作。

二、解决思路

为加强学风建设，学院充分发挥优秀学生示范作用，开展“榜样的力量”品牌活动。通过该品牌活动，用担当凝聚力量，用传承培根铸魂，为国家和社会培养出一批又一批优秀大学生。学院以学生成长为目标，加强创新能力培养，注重学生干部队伍培训，强化理论学习和实践锻炼同步历练，提高学生干部队伍思想认识、工作能力。学院利用宣传展板，积极宣传模范榜样的优良品格，让榜样的人格魅力和典型事迹深入人心，以身边的典型榜样激励和带动同学们砥砺奋进，掀起“传精神、共奋斗、启前程”的热潮。

三、实施方法

1. 以学生成长为目标,加强人才榜样培养

学院高度重视基层教学建设,注重培养高素质人才。持续开展考研动员会、考研经验分享会、考研心理辅导会等活动,从前期备考、报考指引、复试指导等多个方面对学生进行针对性辅导。扎实推进导师制全员育人举措,通过强化“12345”导师制、科研助理和项目孵化制度、学术论坛、创新创业竞赛、学生社团、创业基地以及科研实践等载体,进一步深度优化教育内容设计,从激励、评价、保障三个方面加大指导扶持力度,培养更多全面发展的优秀榜样人才。

2. 以榜样促学风,多角度引领人才

加强教学动态管理,整顿课堂纪律,规范学习秩序,优化学习和生活环境,以教风带学风,以管理促学风,标本兼治,齐抓共管,全面提高教学质量和人才培养质量,营造良好的学习氛围,助力学生成长成才。学院进行流动红旗班级评选以及“学风先进个人”评选活动,激发了同学们的上进心与竞争精神,起到了良好的带动和监督作用,更有利于培养同学们的集体荣誉感与共建文明优秀班集体的意识,自觉约束行为,为班集体荣誉贡献自己的力量,推动学院精神文明建设。

3. 多举措细致帮扶,全方位发展人才

积极响应国家脱贫攻坚战略要求,将建档立卡家庭、孤儿城乡低保等经济困难学生列为重点资助对象,从经济支持、学业辅导、能力提升等方面提供全方位的帮扶。定期与贫困生进行深入交谈,了解学生家庭状况以及学习、生活情况,并向同学们详细介绍学生资助政策体系及各项政策的落实情况。

4. 发挥育德资源优势,全面落实立德树人根本任务

通过开展政策解读会、西部计划宣讲会、西部计划志愿者座谈会、聆听西部计划主题演讲等,加大宣传力度,广泛组织动员。充分发挥德育资源优势,把弘扬“赤诚、担当、大爱、无我”的新时代孔繁森精神和培育“奉献、友爱、互助、进步”的志愿者精神作为立德树人的重要抓手，积极推进青年志愿服务工作。通过建设西部计划教育展厅，组建宣讲团，制作宣传资料，创作文化作品等，持续营造志愿服务和西部计划浓厚氛围。截至目前，共选派80名优秀的大学生到西部就业创业。

5. 发挥示范引领作用，带动学生弘扬正气

一直以来，本着以优秀榜样感召人、先进典型激励人、先锋模范凝聚人的宗旨，充分发挥大学生身边的先进典型的示范引领作用，用鲜活生动的事例、真实可信的事迹，教育引导学生尤其是低年级同学做好学业规划和职业生涯规划，引导带动广大学生弘扬正气。

四、实施效果

学院优秀校友辈出，他们严谨求实、勤奋坚韧的精神更是值得每一位学子学习。他们这种为人朴实、做事踏实、作风扎实的特质，在各行各业经受锻炼、增长才干，用勤劳的双手、一流的业绩成就属于自己的饱满人生。

五、经验启示

1. 强化理想信念教育，确立正确的价值导向

学风建设的核心在于引导学生树立远大理想和正确的价值观。通过深入开展理想信念教育，帮助学生明确学习目的，增强学习动力，是构建良好学风的首要任务。学院通过政策宣讲、主题班会、志愿服务等多种形式，引导学生形成积极向上的人生观和价值观，从而为学风建设打下坚实的思想基础。

2. 发挥学生主体作用，激发学生内在动力

学生是学风建设的主体，激发学生的内在动力是推动学风建设的关键。学院通过建立学习交流平台，开展学习竞赛和优秀典型评选等活动，调动学生的学习积极性，增强学生的学习自信心和荣誉感。同时，学院注重发挥学生党员和学生干部的示范带头作用，通过他们的榜样引领，带动更多学生积极参与学风建设，形成了人人参与、人人尽力的良好局面。

3.建立长效机制，实现学风建设的可持续发展

学风建设是一项长期而艰巨的任务，需要建立长效机制，持续发力。学院通过完善教学评价反馈机制，及时了解学生的学习状况和对教学的意见和建议，不断改进教学工作。同时，学院将学风建设纳入人才培养全过程，与学生思想政治教育、专业教育、就业指导等工作有机结合，形成了全员参与、全过程育人的良好局面，为学风建设的可持续发展提供了有力保障。

第二节　放飞学生科创梦想

一、案例简述

党的二十大报告指出，"深入实施科教兴国战略、人才强国战略、创新驱动发展战略，开辟发展新领域新赛道，不断塑造发展新动能新优势"。高校是国家创新体系的重要组成部分，应该坚持把创新创业教育贯穿人才培养的全过程，通过健全工作机制，强化资源保障，注重工作成效，努力提高人才培养质量。高校辅导员是思想政治教育的骨干力量，是高校人才培养的一支重要队伍，如何响应党和国家的号召，积极提升大学生科技创新能力？

二、解决思路

重视学生科技创新思想和能力的培养，积极推进各项科技创新活动的开展，推进以"赛"促"创"政策的深入实施；践行"三全育人"理念，深入贯彻导师制的开展，将导师、学生、科技、创新紧密结合在一起；建设创客空间，为学生提供优越的科创环境，加大各个团队之间的经验交流与资源共享，激发学生的热情,提高学生科技创新的活力与能力;不断加强学生的实践实习,积极建设扩展实训基地,与多家校外公司签约合作,提高学生的实际操作能力。

三、实施方法

1. 以“赛”促“创”,全面培育科技创新意识

学院积极推进以“赛”促“创”,全面提高大学生的科技创新意识。举办各类科创培训与指导活动,举办院级科创选拔赛十余次,不定期邀请行业相关的专家进行专题讲座培训;积极开展“互联网+”创新创业大赛培训指导;大力推进“挑战杯”训练营活动的开展,开拓了学生的专业视野和科创思维。

2. 践行“三全育人”理念,营造科技创新氛围

全力推动学院范围内第一课堂与第二课堂的人才培养融合互补,灵活高效使用“翻转课堂”,提高学生课堂上的学习效率,继续深化巩固“12345”导师制,实现导师“全覆盖”,落实学生指导“全方位”,贯穿学业“全过程”,将专业学习与职业规划相融合,学业引导与科创项目齐发力。通过本科生导师制将导师、学生、科研、创新有机结合和深度融合在本科生教育各环节中。营造科创氛围、加强科创支持、积极鼓励学生参加科创竞赛等方式实施多项措施教育和引导大学生参加科技创新活动。

3. 强化专业社团建设,拓展科创实践能力

建设和完善百奥生物科技协会、生物践行者协会、生命之光、自然之声科普社等科技创新社团,开展丰富多彩的社团活动。指导生命之光科技社开展特色活动——银河之星论坛活动,激发学生求知欲;指导生物践行者协会开展“动物海报展览活动”“清洁美丽中国行”“水美生活筑梦蔚蓝”等多个品牌活动;指导自然之声科普社举办“动植物标本馆云展馆”,帮助学生深入了解动植物的种类与习性。专业社团举办的创新活动为广大学生创造了浓郁的创新创业氛围,指导科技创新社团开展创新创业项目并在“全国生命科学竞赛”“互联网+创新创业”等比赛中参赛。

4. 建设科技创新空间,加大资源共享力度

建设院级创客空间,积极邀请项目指导老师、学院“科创之星”等经验丰富的老师和学生,举办“项目交流会”“科创项目经验分享会”“沙龙交流座谈会”等活动,通过各项喜闻乐见的经验交流活动和讲座,促进各位大学生创新创业者之间的互帮互助,相互启发,资源共享,达到协同进步的目的。

5. 加强实践实习,建设实习实训基地

建设了实习实训基地,给每个学科建设相应的校内实验室或校外实训基地,指导学生开展实习实训。还与鲁南制药、聊城天香酿造有限公司等企业开展校企合作,通过参观实习、拓展体验等活动,进一步推进了实践教学改革,大大提高了学生技能操作水平。

四、实施效果

学院学生在“挑战杯”“互联网+”大学生创新创业大赛等赛事中获奖,在山东省科技文化节等省级比赛中年均获奖近100项。

五、经验启示

1. 以赛促创,加强实践

辅导员要将科技竞赛作为提升学生科创能力的重要途径,通过“互联网+”“挑战杯”等赛事激发学生参与科技创新的热情。实践证明,竞赛能有效促进学生的主动学习,增强其解决实际问题的能力。同时,加强与企业的合作,建设实习实训基地,为学生提供实际操作的平台,使学生在实践中学习和成长。

2. 贯彻“三全育人”理念,营造科创氛围

通过全方位、全覆盖的导师制,将专业学习与职业规划相结合,为学生提供个性化的指导和支持。辅导员制定的“12345”导师制等措施,实现了学业引导与科创项目同步发力,营造了积极向上的科创氛围,促进了学生全面发展。

3. 强化社团作用与资源共享

专业社团在培养学生的科创兴趣和团队协作能力中发挥了重要作用。辅导员通过积极建设创客空间和指导社团活动,为学生提供了展示才华的舞台,同时促进了学生之间的经验交流和资源共享。这些活动不仅丰富了学生的校园生活,也提高了他们的组织能力和创新思维。

4. 建立长效机制,持续推动科创教育

辅导员要牵头建立完善的科创教育长效机制,包括定期的科创培训、项目交流会、经验分享会等,确保科创教育的连续性和有效性。通过这些长效机制,持续推动学生的科技创新活动,不断提高学生的科技创新能力。

第三节　如何引导学生“去功利化”看待研究生推免

一、案例简述

小开性格内向,不善言辞。但是小开在学习方面非常认真,其学习成绩在专业排名前30%,在校期间也担任了社团理事长,开展了多项社团活动,他还积极参加了优秀指导教师的科研团队。在导师的精心指导下,他参加的项目在多个学科竞赛中获奖,暑期,小开和另一名同学共同带队参加了暑期全国专项社会实践活动。2022年秋天,在学院开展的免试推荐硕士研究生工作中,小开信心满满地提出推免申请。小开的学习成绩虽然不错,但是在全部申请推免的学生中,小开位列倒数第二名,小开将全部希望寄托在获奖证书加分上,他认为通过自己的获奖能够实现成绩逆袭,获得推免资格的可能性非常大。在小开的资格审查过程中,学院推免遴选小组发现,小开获奖的多个比赛,其参赛项目是同一个题目,一致认为同一个项目尤其是同一个参赛题目获奖应该以最高奖项计算,不应该累计;另外,小开参加的暑期全国专项活动,没有列入加分范围。小开接受不了,在资格审查现场情绪失控,失声痛哭。小开拒绝在加分确认表中签字,他认为,自己大学四年专业学习课程数量多，自己都是挤出可怜的课余时间参加科技创新活动，虽然参赛项目都是同一个题目，但是参加的都是不同的赛事，应该加分。小开认为暑期全国专项活动就是文件中规定的国家级志愿服务项目大赛，自己是专项活动的负责人，应该加分。小开口口声声说，我大学四年那么辛苦，你们不能这样整我，这件事情不能就这样算了。

二、解决思路

1. 畅通渠道，提供申诉途径

面对学术审查小组给出的结论和解释，小开无法接受，听不进在场老师的解释，自始至终固执地坚持自己的想法，提出强烈的异议。面对学生的这种表现，作为教师不应该简单粗暴地给予否定和拒绝，应该给予学生申诉理由的机会。如果小开理由充足，可以就小开提出的观点进行讨论，重新赋分。

2. 隔离情境，帮助冷静情绪

一般情况下，当事人在当时的情境中很难做到情绪冷静，由于同预期差别较大，关键是可能失掉推免机会，小开情绪非常激动，这时候，不应该再同小开争执，应该安排小开离开现场，等到情绪平静之后，再继续进行教育和引导。

3. 密切关注，预防失控行为

学生的情绪非常激动，对推免抱有极大期望，遴选的结果同自己的期望存在显著落差，如果学生心理调适不当，容易出现心理危机甚至是严重的心理安全隐患，因此要密切关注小开的行为，避免出现自残等过激行为。

4. 耐心疏导，教育不当观念

小开的功利心比较重，未获得推免，认为自己参与所有的学科竞赛活动和第二课堂活动都是白费心思，白费时间。他认为周围的人都针对他，对他有意见，明显存在认知偏差。要注意把握时间，耐心疏导，引导和教育小开正确看待问题，消除不当观念。

三、实施方法

1. 详细解释细则，畅通学生申诉渠道

在遴选现场，面对学生的异议，在场的学术审核专家和辅导员老师共同向学生明确了推免的目的和要求，详细解释了推免的细则，让学生了解推免的流程和加分的要求，打消学生的疑惑。经过在场老师们和辅导员的解释，学生仍然无法接受推免的细则，情绪非常激动。老师们为学生提供了申诉渠道，指出解决问题的正确方法。

2. 疏离情境，帮助学生逐渐冷静下来

由于学生在推免遴选现场非常激动，无法接受推免细则，尤其是因为自己对推免的机遇抱持的期望非常高，听到推免加分结果后，他的情绪几度失控，听不进其他人的任何说明。为了让他平静下来，也为了不影响推免的进程，辅导员将学生带离现场，让学生将自己的情况和要求详细写下来。让学生写自己的情况，一方面是为了帮助学生进行情绪宣泄，让自己冷静下来；另一方面是帮助学生梳理思路，认识到自己认知的局限和错误之处。

3. 谈心谈话，解决学生的合理诉求

学生写完情况说明之后，情绪已经基本上平静下来。辅导员同学生进行了深入的谈话。学生说自己已经算好了加分数量，按照自己的加分是没有问题。学生不明白为何自己的项目只能按照最高的奖项加一次。辅导员解释说按照推免的要求，同一个题目的项目不应该重复加分，就像是学生担任了省级、校级、院级等不同职务，在进行职务分计算时也不能累计，只能按照最高的加分。学生说自己在大学四年，功课非常繁忙，利用课余时间参加了学科竞赛活动，参加了学校组织的相关活动。自己参加的暑期社会实践专项也应该算分，因为这是国家级志愿服务类比赛，要评选优秀团队和优秀个人。辅导员根据推免细则，告知学生为了避免志愿服务类活动加分混乱，细则中规定的志愿服务类比赛虽然没有特别明确，但是只有全国志愿服务项目大赛和山东省志愿服务大赛的获奖项目，才能加分。学生愤恨地说，大学期间这么辛苦，推免加分却没有充分体现，你们不能这么整我。辅导员引

导学生从锻炼和提升自己的角度去看待自己的活动经历，学生有些听不进去，辅导员没有继续。

4. 密切关注，防止出现意外事故

学生的抵触情绪很大，辅导员这时候不能再强行进行思想教育，要采取多种措施开展思想政治教育。辅导员要给学生时间，让学生在这段时间先自己想一想，让自己平静下来。但是，由于学生的情绪暂时没有得到充分的排解，为了防止出现意外突发事件，辅导员在这段时间绝对不能置之不理，要安排主要学生干部关心学生的生活和学习，关注学生的行为，确保学生的安全健康。

5. 多次谈话，给予指导和帮助

学生干部反馈说，小开几乎从所有的好友群中退出，这段时间打电话联系不上小开，晚上很晚才回到宿舍。连续好几天晚上，小开回到宿舍后又出门，凌晨才返回宿舍。在平时生活中，小开参加学院和班级活动也很不积极，有的时候需要督促好多次才给回信。小开的朋友不是很多，有些特立独行。辅导员立即联系小开，同小开进行谈心谈话。辅导员发现小开的精神状态尚可。辅导员鼓励小开积极准备研究生的考试。辅导员引导小开正确看待世界，正确看待他人，学会正确处理事情，小开很有触动。

四、实施效果

(1)小开情绪平复，积极投入研究生的备考中。经过谈话，明显感到小开重新建立了信心，争分夺秒地学习，为研究生考试全力做准备。

(2)小开的性格逐渐开朗，与同学的关系明显改善。之前几乎不同其他同学交流，经过这次事件后小开开始有意识地改变自己，不再事事都以自我为中心。

五、经验启示

1. 理性引导与情绪管理

面对学生的激烈情绪和对推免结果的不满，辅导员应采取理性和耐心

的态度，提供申诉途径，详细解释推免细则，帮助学生理解评分标准和流程。同时，应给予学生冷静的空间，避免情绪失控，并通过持续的沟通和关怀，帮助学生逐渐平复情绪，引导他们学会情绪管理和自我调节。

2. 心理健康关注与危机预防

在学生遭遇挫折时，辅导员需密切关注其心理状态，通过谈心谈话和同学间的关怀，帮助学生缓解压力，防止可能出现的心理危机。同时，应建立有效的监控和干预机制，确保学生在遇到重大变故时能得到及时的帮助和支持。

3. 非功利化教育与长远规划

辅导员应教育学生树立长远的职业规划和学习目标，减少对单一评价标准的依赖，避免因一时的得失而产生极端情绪。通过开展职业规划教育，引导学生理解个人成长和学术追求的非功利性价值，重视参与各项活动的过程体验和个人成长。

4. 多元评价体系与个人成长重视

高校应建立更多元化的评价体系，鼓励学生在学术、科研、社会实践等多方面发展。通过这种方式，减少学生对单一评价标准的过度依赖，促进学生全面而均衡的成长。辅导员应强调在科研、社会实践等活动中获得的能力和经验，比单纯的奖项和分数更有长远意义。

5. 建立信任关系与持续沟通

辅导员与学生之间的持续沟通对于建立信任至关重要。通过定期的一对一谈话，了解学生的想法和需求，帮助他们解决问题，可以增强学生的安全感和归属感。辅导员的及时响应和有效沟通是解决学生问题、促进学生发展的关键。

通过这些经验启示，辅导员可以更有效地引导学生正确看待学术评价活动，帮助他们建立健康的心态和合理的期望，同时也为学生的全面发展和长远规划提供支持。高校也应不断优化评价体系，为学生的个性化发展和综合素质提升创造良好的环境。

第四节 学困生的转化与教育

一、案例简述

2014级1班学生小李，男，该生在大二第一学期期末考试中多门考试不及格，尤其是英语，得分接近个位数。学生存在旷课、迟到等行为，出现厌学情绪。通过与该生以及班级内其他同学沟通得知，该生基础薄弱，尤其是对英语的学习兴趣不大，由于多次在英语考试中成绩不理想，认为自己不适合学英语，大二开学初曾有过转到其他专业的想法。

二、解决思路

1. 增强学习信心

辅导员老师要定期与该生谈心，帮助学生树立学习的信心，鼓励并督促他付出更多的时间，努力学好英语。

2. 加强朋辈帮扶

辅导员老师应该组织班级内学习优秀的学生对该生日常学习进行帮助和监督，通过朋辈帮扶，帮助他掌握学习方法，提升学习成绩。

3. 提供现实支持

辅导员帮助和督促该生收集、整理适合他的学习资料。针对该生，提供较详细的帮扶方案，培养学生的英语学习兴趣，帮助学生寻找并掌握适合他的英语学习方法。

4. 加强沟通交流

鼓励学生多与科任教师交流，积极向各位科任教师请教学习中遇到的困难，探讨应对的方法和策略。

三、实施方法

(1)为了帮助该生端正学习态度、提高学习成绩,本学期辅导员定期、多次找该生谈心询问他的学习情况。发现该生有学习懈怠的倾向时,对其及时进行规劝。通过谈心了解该生的思想动态,帮助其端正学习态度。

(2)同学之间相互交流是行之有效的学习方法,班级里有许多成绩优异的学生,鼓励该生多与成绩好的学生交流学习经验,有助于成绩的提高。督促该生向听力成绩好的同学学习听力技巧;与口语好的同学一起对话矫正发音;与写作成绩突出的同学互换写作练习相互修改;向语法好的同学询问如何分析句式、段落、文章;向阅读好的同学学习阅读技巧,培养阅读中定位关键词和中心句的能力。

(3)推荐该生阅读资料室内适合该生的杂志、小说,逐步培养英语学习兴趣,提高英语阅读与写作水平。

(4)鼓励该生在课前认真预习,课上与老师配合尽量跟上老师的进度,课间有不懂的问题及时向老师询问、课后复习,每门课都坚持做好完整的学习笔记。

四、实施效果

学生的学习态度有明显好转,旷课、迟到的行为次数显著减少。学生的学习成绩有了明显提升,在大二第二学期考试中仅有 1 门不及格。

五、经验启示

(1)学好英语非一日之功,面对英语基础薄弱的学生不能操之过急,要以平和的心态与其交流,帮助学生发现学习中的问题,提出有效的解决办法。帮助学生树立学好英语的信心,向学生强调英语的重要性,使其正确对待、珍惜自己专业。

（2）班级整体的学风建设与每个学生的学习息息相关，定期召开学风建设班会，组织优秀学生学习方法交流会，有利于整个班级树立优秀的学习风气。只有在一个人人都积极向上、视学习为首要任务的班级里，才能带动成绩差的学生端正学习态度、努力学习，不断挑战自己、完善自己。

第八章 职业规划与创业就业指导类案例分析

第一节 西部实现青春成长梦

一、案例简述

小杨，女，生命科学学院生物工程专业学生，家住在山东西部某县城。在校期间，学习成绩一般，英语基础较差，性格相对内向，没有学生工作经历。大四刚入学，看到周围同学在准备考研、就业，她感到有些迷茫和焦虑，自己想先找工作保底，再继续备战考研。可是，小杨求职自己心仪的公司失利，有意向招募自己的单位又不太喜欢，找工作的烦恼让小杨静不下心准备考研，考研的目标也落空了。考研成绩出来之后，小杨及时联系了辅导员老师，小杨向辅导员咨询西部计划相关政策。结合小杨的情况，辅导员推荐小杨参加西部计划，利用自己的专业特长，服务西部，实现成长。小杨顺利被选拔为当年学校西部计划志愿者，在西藏拉萨市某局服务，服务期满后，经过小杨的不懈努力，她成功考取西藏拉萨某地方农业农村局，为西部乡村振兴工作贡献自己的微薄力量。

二、解决思路

1. 坚持解决思想问题和解决实际问题相结合

小杨存在的根本问题在于未能在“考研二战”、找工作、参加西部志愿者之间做好选择，小杨的初衷是落实就业单位，因此辅导员处理问题的关键点在于解决就业选择的实际问题，解决小杨的焦虑和低落等思想和心理问题是次要关注点。

2. 结合学生实际情况，推荐相对适合学生的工作岗位招聘信息，帮助学生顺利就业

根据小杨的家庭背景、生源背景、性格特点和能力水平，辅导员帮助小杨选择适合自己的就业方向，从而帮助小杨最终顺利入职。

3. 舒缓学生焦虑情绪，随时关注学生思想动态和心理健康状况

小杨出现心情低落、烦恼急躁等情绪，辅导员要密切关注小杨的思想动态和心理健康状况，及时帮助小杨调节和疏导，用积极乐观的心态去应对毕业前的就业和学业挑战。

三、实施方法

1. 开展就业心理辅导，做到就业服务暖心

小杨找到辅导员后，辅导员同小杨进行了细致的交谈。辅导员也及时同小杨的舍友、班级主要学生干部进行了联系，详细了解小杨的学习情况、思想动态和心理状态，为有针对性地进行指导打好基础。辅导员定期同小杨进行谈心谈话，及时掌握她的思想动态和心理健康状况，向小杨积极推荐就业心理辅导讲座等，在专业心理教师和就业教师的指导下，帮助小杨树立就业信心，走出就业迷雾。

2. 量身定制就业方案，做到就业指导入心

考虑到小杨家在西部地区，同时又辅修了法学专业，小杨也具有到西部实践锻炼的想法，结合学校往届志愿者在家乡成功就业的案例，辅导员积极

推荐小杨参加学校西部计划。指导小杨参加西部计划政策宣讲会、西部计划政策咨询群、西部计划招募会等。

3. 加强家校沟通联动，做到就业帮扶齐心

得知到小杨的父母也非常担心小杨的在校情况，辅导员积极主动同小杨的父母取得联系，了解小杨父母对小杨的期待和要求，并将小杨的想法和父母进行沟通。小杨的父母非常支持小杨积极参加西部计划，给予小杨物质和精神上的支持，帮助小杨全身心地参加学校西部计划志愿者的选拔。

4. 及时传达就业政策，做到就业跟踪贴心

在小杨毕业之际，及时处理小杨的档案，帮助小杨办理毕业手续，为小杨颁发学校和学院西部计划志愿者专项慰问金和证书。学校发布志愿者启程西部的通知后，及时与小杨联系，帮助小杨在路途中做好安全防护，指导小杨在新的志愿服务单位尽快适应岗位环境，取得优异成绩，让小杨深刻体会到学校的温暖和贴心。

四、实施效果

(1)小杨很快转变角色，认真完成服务单位和岗位要求，在西部计划志愿者群体中取得较好的成绩。

(2)服务期满后，小杨考取了本地事业单位，小杨对自己的工作单位非常满意。

五、经验启示

就业是民生之本，受疫情的影响，学生就业面临着更大的压力。在对小杨的就业帮扶中，辅导员只要沉下心来，用心与学生沟通，积极正面引导，结合学生实际情况，量身定制就业方案，详细讲解就业政策，让学生即使就业形势严峻，也能顺利就业。

1. 掌握就业政策，引导学生到西部、到基层、到国家需要的地方建功立业

在与小杨的沟通交流过程中，及时告知了国家、学校颁布出台的一些就

业政策,并结合实际情况,积极鼓励推荐学生到国家需要的地方建功立业,帮助学生顺利就业。

2. *建立动态就业档案,实现精准就业帮扶*

要及时做好就业工作排摸,了解毕业生就业情况,开展精准帮扶,建立毕业生就业档案,实行重点关注"一生一策"动态管理,精准推送招聘信息、优先推荐就业单位、及时了解掌握重点群体思想动态和心理状况。

第二节 后疫情时代"慢就业"学生的成功就业

一、案例简述

2021年3月,刚刚入学,辅导员同2017级某班级的全体同学进行了谈心谈话,了解学生入学的思想动态,掌握学生的就业去向,对学生的就业方向和下一步规范做好指导。在谈话的过程中,辅导员发现部分学生已经明确了自己的就业方向,比如有的已经考研准备复试,有的考研失利准备考教师编制,有的没有考研准备到企业就职。在跟小陈交流时,小陈说还没有想好自己的工作去向,对于放假前老师提供的就业岗位也不感兴趣。辅导员通过与小陈的室友等交流,得知开学后小陈的积极性不高,在宿舍经常玩游戏,或者就躺在床上,对于周围同学的忙碌熟视无睹。小陈对于自己的未来十分迷茫,感觉后疫情时代,大学本科毕业生越来越多,就业机会也变得珍贵,就业越来越难,自己目前想走一步看一步。像小陈这样的学生,也不是少数和个别现象。

1. *学生缺乏正确的就业观念*

学生没有树立正确的就业观念是问题的根本,存在"一步到位"的想法。在初次就业择业时,学生希望就业地点、工作内容、薪酬待遇、工作环境等均达到自己理想中的状态,甚至把就业目标锁定为一次性考入具有高稳定性的编制内单位。在"一步到位"的执念下,学生会产生有业不就的心理,宁愿失业也不愿意到偏远地区或与自己所学专业不符的单位工作。学生的家庭经济条件尚可，面临的生存和生活压力不大，对自己的原生家庭过于依赖，不愿意出去找工作。

2. 学生缺乏合理的职业发展规划

学生对于自己的认识不够全面，不了解自己的兴趣和爱好，不明确自己的职业潜能，不知道自己的竞争优势，造成就业目标模糊，不知道向哪个方向发展和努力，就像是一艘缺乏目标的帆船，在茫茫的人生之海上随波逐流。学生是家中独子，家中的宠爱使他的自立能力不强，过于依赖原有环境，不敢大胆去创新和开拓。他对职业生涯规划的知识理解不深入，在职业规划上不主动、不积极。

3. 学生的求职技能还需要提高

面对海量的招聘信息，学生不能结合个人的实际进行科学遴选，存在从众心理，容易受到别人的影响做出错误的判断。缺乏信息搜集能力、信息筛选能力、求职面试技巧等，导致没有能够及时把握就业机会。

二、解决思路

1. 转变就业观念

（1）要跟学生讲清楚就业形势。新冠疫情进入常态化防控，对经济情况造成一定冲击。中国产业机构的调整、经济发展速度的放缓以及中美贸易摩擦的冲击，影响企业经济效益，对毕业生的接收数量有所减少。

（2）帮助学生精准定位。要鼓励和引导学生转变观念，作为一名普通劳动者的身份，面向基层就业、面向西部就业，到国家建设和发展需要的地方去建功立业，锻炼自身。

（3）帮助学生改变终生就业的观念。要引导学生先就业再择业，在从业中丰富自己的实践经验，待对社会和行业有了更多更深的体悟后，再找机会选择适合自己的理想职业，分步到位，达成自己的职业梦。

2. 开展生涯指导

根据学生的实际情况，不断探索职业生涯规划的新路子、新方法。引导学生尽早确定职业目标，制订周密的行动实施计划和辅助修订方案，逐步完成目标规划。鼓励学生进行必要的目标职业见习和实践，以提高自身实践能力和创新能力。

3. 增强就业自信

就业自信是一个人在就业行为或就业心理中对自己的积极感受。积极意味着对自己就业行为或心理的认可、肯定、接受和支持的态度；感受包含着对自己就业行为或心理的情绪、感觉、认识和评价。就业自信是构成求职者精神面貌的重要因素，是大学生走向就业成功的支柱品质之一，是大学生就业中最实用的成功智慧。就业自信能使大学生在择业行为过程中产生勇气、精力、智慧和能力。要从多个角度增强学生的就业信心，勇敢面对人生挑战。

三、实施方法

1. 定期谈话，逐步改变

定期同学生谈话，鼓励学生注重内涵，不要太看重外在的一些因素，比如注重工作单位性质、工作地点远近、工作内容轻重、工作环境优劣、工资待遇高低等，把这些外在的职业目标作为求职择业的目标，总想着找到一份轻松、离家近、稳定、待遇高的工作，而忽略了自身能力的提升，逐渐改变学生抱持只有到大城市、大机关、高薪企业才算真正就业的观念，引导学生积极关注西部计划、“三支一扶”等，鼓励学生面向中西部地区、农村基层，向民营企业、私有企业甚至自主创业方面就业。此外，要引导学生就业起点的期望值不要定得太高，不要对薪酬的要求过高，学习积累才是最重要的。任何经验的积累都是从基层做起，在基层学习拥有了足够经验，能胜任更复杂艰巨的工作任务，薪酬自然就会提高了。平时注重克服不足，苦练内功，不断加强自身素质的锻炼，用知识充实自己，提高自身综合能力。

2. 消除焦虑，增强信心

虽然学生就业时，正是疫情的持续和防控的常态化时期，就业渠道被卡、就业节奏变慢，确实给大学生就业带来冲击，但是，要引导学生及时看到党和国家、社会和学校已为此作出了多方协调和努力，这一事关国计民生和未来发展的难题有望得到较好解决。要教育学生在全力配合国家、协助社区做好防疫工作的同时，积极寻找机会，实现动态就业。通过谈心谈话、团体辅导、培训座谈等方式针对学生开展丰富多样的心理健康辅导、抗挫折能力培训、职业素质教育和职场心理培养等，帮助学生正确认识自己、认识社会、认识将要从事的工作，让他初步具备较强的心理适应能力、自我调整的能力和抗挫折的能力，为灵活择业、动态就业和自主创业打下良好的心理基础。

3. 借助新媒体技术，加强就业指导

建立动态的、有针对性的就业指导机制，顺应时代的发展，跟上社会变化的节奏。充分利用快速发展的网络通信技术、新媒体技术，加快建立和完善线上就业指导信息系统，及时关注产业动态，聚焦用人热点，及时发布招聘信息，为学生提供足不出户的“云”就业机会。尽可能地拓展就业指导平台的功能，包括开设丰富多彩的线上就业指导课，邀请知名企业人力资源专家开设线上求职应聘的讲座，举办形式多样的线上宣讲会、招聘会，设置虚拟情境、模拟现场，进行面试预演和实战训练，创建线上跟踪调研、适时互动的窗口，为学生择业、应聘和就业提供全方位的咨询、跟踪服务，及时为毕业生排忧解难，消解其后顾之忧。联合学校其他部门，不断地走出校园，广泛地联系用人单位，了解各行业的用人需求，并邀请对口单位举办线上、线下等多种形式的招聘会，为毕业生争取更多就业资源。

四、实施效果

(1)学生重塑就业信心，积极寻找就业单位。通过辅导员的努力，学生重新认识到自己的优势，不再总是待在宿舍睡懒觉，开始尝试投递简历，参加线上面试。

(2)成功实现就业。学生在毕业前终于寻找到一份工作，虽然是暂时的，但是充分说明学生能够正确评估就业形势，转变就业观念，实现先就业，再择业。学生告诉辅导员，正在边工作边准备公务员的考试。

五、经验启示

(一)高校就业指导工作面临的困境

1. 思想政治教育工作任重道远

网络的资源铺天盖地,容易传递误导性信息,对各种事件的歪曲或夸大,会干扰信息接收者的判断。对于高校大学生来说,年龄和心智成熟度不够,更容易被干扰,产生恐慌或焦虑的情绪,也可能会在压力下做出不正确的决定。因此,当前高校的思想政治教育工作更为重要,体现在要明确教育的方向和目标,切实提高舆论引导的有效性。

高校就业指导工作包含多方面的内容,其中最重要的是思想政治教育工作。面对激烈的就业竞争压力,必须对学生进行心理疏导,引导高校毕业生树立正确的就业观,以积极的心态面对就业中的挫折,并避免对就业期望值过高而产生不良情绪。这就对高校就业指导与思想政治教育相融合提出了更高的要求,需要围绕中心,服务大局,促进就业。

2. 高校传统就业指导服务的不足

高校传统的就业指导模式多数系统性不强,最常见的就业指导方式通常为对高校应届生开展主题授课、讲座,或提供服务平台,联系用人单位来校演讲及招聘。主题授课或讲座虽然能为毕业生提供一定的就业指导,如指导应聘者面试中应注意的礼仪、语言表达的方式、与用人单位谈论薪酬的技巧等,但其授课或讲座内容一般相对单一,着眼点大同小异,部分流于形式,且无法代入学生的体验,不能很好地满足学生的就业需求。同质化的讲授内容很容易通过其他的网络资源获得。因此,高校需要更新就业指导服务模式,切实考虑学生需求,改进就业指导工作方式方法,切实为学生提供有效率、有成效的就业指导。

高校提供的就业服务平台在传统模式下多是与用人单位双向联系沟通,提供招聘宣讲场所和招聘场地,此种模式的好处是便于学生利用高校就业服务中已收集到的信息,参与用人单位招聘,节省时间与经济成本。缺点是此类就业服务平台没有整合有效资源,导致一些只想做企业宣传的用人单位混迹其中,降低了就业服务的效率。后疫情时代虽然改为主要靠就业服务平台发布招聘信息,但依然缺乏针对性和匹配性,落后于就业形势的发展,无法有效提高就业服务质量。

3. 就业趋势和渠道发生重大转变

(1)灵活用工需求增加。高校毕业生传统的就业选择多以寻找固定、稳定的工作职位为主,随着经济的发展及网络自媒体时代的到来,在大数据、互联网等应用技术迅速发展的背景下,传统行业发生了结构性变革,稳定职位的需求量减少,就业形式逐渐多样化。但受疫情影响,经济发展压力增大,导致市场用人需求不确定性增加,反映在就业市场上表现为企业的灵活用工需求增加。

(2)就业渠道拓宽。从就业渠道来看,传统的用人单位和毕业生的线下双向选择模式不再是主流,线上招聘、自主就业和创业拓宽了传统的就业渠道。为稳定高校毕业生就业,教育部启动实施了“2022 届全国普通高校毕业生就业创业促进行动”,鼓励高校毕业生自主创业。在新形势下对高校就业创业促进提出了更高的要求,需加强校园招聘市场建设,促进网络招聘市场建设,完善就业创业帮扶机制等。

(3)就业的结构性矛盾难以缓解。就业选择和渠道发生转变,制造业、服务业等技术性人才短缺,但高校毕业生的就业期望值没有降低,就业的结构性矛盾依然存在。如何切实推动就业指导工作落实是每所高校必须思索的问题。加强行动力,健全毕业生就业支持体系,强化就业指导服务,推动就业精准帮扶的具体措施,需要整体统筹安排。

(二)解决路径

1. 拓展思想政治教育工作途径

高校的就业指导工作和思想政治教育是不可分割的,二者需要深度融合,引导学生树立正确的就业观。首先,就业指导工作不能只从毕业季开始,而应将其融入高校日常的思想政治教育工作中,就业指导教育要尽可能地发挥其潜移默化的影响。后疫情时代社会经济发展的特点决定了高校毕业生就业的特点,思想政治教育工作可以帮助学生认清就业形势和困难,鼓励学生克服懒就业、不就业、怕就业心理,劝导学生以积极的心态面对复杂严峻的形势。其次,需将就业政策贯穿思想政治教育工作中,及时为高校毕业生传达有关部门促就业政策内容,帮助毕业生多方面把握就业机会。例如:“西部计划”“特岗计划”“三支一扶”等国家基层就业项目;大学生征兵入伍;各地公务员、事业单位、国有企业招录;各地选调生,以及国家鼓励高校毕业生创业的相关条件等。

总体来说,就业指导工作和思想政治教育工作相融合,并不是机械的说教。陈旧而缺乏创新的思想政治教育模式无法取得学生的共鸣,无法为高校毕业生解决实际存在的问题。将思想政治教育工作融入平时的课堂教学中是影响深远的路径选择,反思“大水漫灌”的就业指导工作模式,拓展思想政治教育工作多样化途径,真正打破就业指导和思想政治教育工作的界限,切实完善和丰富就业指导工作的教育手段。

2. 创新高校就业指导服务模式

高校应改变就业指导工作的思路,用前瞻性的策略及更为具体、细化的就业服务模式来提高工作成效。2021 年 8 月,教育部启动供需对接就业育人项目,最终 281 家用人单位申请竞选的 2804 个项目指南通过审核。该项目的主要内容是通过加强高校与用人单位的直接联动,加快培养需要的专业人才,优化招聘的人力资源配置。这为高校的就业指导服务工作创新模式提供了基本思路,高校在主动搭建就业网络对接平台的基础上,更应与用人单位开展长期合作,提前确定用人需求并为实现人才培养提供条件,从行业角度培养实用性人才,切实提高毕业生与用人单位的有效匹配度,降低毕业生求职的时间及经济成本,提升就业质量。

除此之外,高校还应多渠道探索“互联网+就业指导”模式。信息化时代需要充分发挥互联网的功能和优势,给传统的就业指导工作注入新的元素。与各级教育部门联动,设计全方位的就业指导直播课;打造高校自己的就业服务 APP,供学校、用人单位和毕业生三方直接交流;建立“就业辅导员管理服务平台”,充分发挥高校辅导员的作用,深入、具体、多层次地进行“一对一”就业帮扶,避免就业指导流于形式。

3. 多渠道推动高校毕业生灵活就业

(1)以市场为主导。解决高校毕业生就业问题的根本,还要靠市场。如何促进高校毕业生与市场有效对接，有序推进就业与创业，是高校就业指导工作需努力的方向。高校应加强校园招聘市场建设，完善资源开发机制，尽可能扩展就业岗位信息来源，做好信息发布与资源共享工作；促进网络招聘市场建设，发布毕业生专业设置及生源信息，建议用人单位线上选拔生源；利用地方资源优势，鼓励本地企业为高校毕业生提供就业岗位。

（2）落实国家政策。健全各类就业支持体系，还应进一步落实国家政策，号召毕业生到艰苦地区或基层一线就业，充实城市社区和农村乡镇基层单位建设；对于有扶贫、教育及其他基层工作经验的毕业生，应在报考研究生或公务员时，同等条件下优先录取；创新开展征兵宣传，做好学校征兵工作方案，细化实施办法，激发毕业生把爱国热情化为具体行动，提高毕业生入伍数量及比例；扎实开展招生宣传，统筹安排升学招生工作，促进就业与升学有序衔接。

（3）多举措促进大学生就业创业。有条件的高校应为毕业生提供专业化的创业孵化服务，在学生创业期间给予场租优惠；加大国家创业政策落实力度，指导学生了解和争取各类创业优惠条件，提供创业政策解读等就业指导；开展大学生创业竞赛，全面培养在校生的创业思维、意识和能力。

除此之外，高校应帮助毕业生发现新兴产业、行业中的就业机会；对就业困难毕业生进行重点帮扶，精准帮扶；开展就业宣传，形成良好的舆论氛围；对就业指导工作进行经验总结，扬长避短，全方位推动就业创业工作提质增效。

第三节　构建分层次精准化就业指导体系助力学生发展

一、案例简述

刚进入大一，小吴兴致勃勃地参加了学生社团，申请进入了学生会，同时，跟着自己的本科生导师做一些科学研究。小吴的大学生活安排得非常充实、丰富,但是,面对未来,小吴又充满了困惑。小吴不知道应该选择哪条路,今后的发展方向是什么。于是,她主动向辅导员请教,怎样确定发展方向,如何在毕业的时候能够顺利就业。对于大一的新生来讲,小吴的困惑很正常。很多大一的学生进入大学后充满了迷茫,不知道今后该何去何从。针对这种情况,高校要以生为本,构建分层次精准化就业指导体系。

二、解决思路

随着经济社会的不断发展,高校就业指导理念也要顺应时代发展趋势进行更新,传统的集体式的通识就业指导教育已经难以适应就业形势的变化,高校就业指导理念需要关注学生个体的针对性需求。要坚持以生为本,这一理念始终强调学生在教育中的主体地位,注重学生的个性化学习需求,这一教育不仅为高校人才培养奠定了基础,对高校就业指导工作的精准化也有积极的指导意义。因此,充分发挥以生为本的先导作用,以学生需求为中心,在高校人才就业过程中开展广泛而积极的引导,为学生扫清发展道路中的障碍,从而在保障毕业生全面就业的基础上提升就业的质量,成为各个高校开展就业指导工作的重中之重。精准就业指导致力于将精准就业的要求贯穿大学教育全过程,将就业指导工作分阶段、有重点地贯穿于学生入校到离校的全过程,在就业管理工作的各方面都充分贯彻精准的要求。高校要从纵向上建立适应性教育就业指导体系,将本科、硕士、博士的就业指导串联起来,贯彻就业指导不断线的原则,针对不同学历、不同阶段、不同专业的学生各有侧重地开展贯穿大学教育全过程的就业指导。通过建立全程化的就业指导体系,精准关注学生各个阶段的就业指导需求,通过营造浓厚的就业氛围,学生自入学就逐渐关注就业相关事宜,使得高质量的高校就业水平成为水到渠成的结果。

三、实施方法

1. 深挖就业大数据,为就业指导工作提供精准信息保障

随着信息化时代的快速发展,各领域都朝数字化、智能化方向融合发

展,“大数据、人工智能、移动数据、云服务”等信息技术为高校精准化的就业指导工作提供智能化的技术支持。高校就业指导部门应充分利用现代信息技术,一方面,对内将积累的海量分散、零星的就业信息数据,整合成高校“就业大数据”,借助数据集散平台与多种数据分析模型,深度挖掘数据信息,智能分析就业数据,为高校精准就业服务提供更为精确的指引;另一方面,对外挖掘市场大数据,建立评估机制,进行就业市场潜力评估,科学评估每年重点开发的就业市场,比如重点关注城市、单位等,科学开发就业市场。

2. *加大就业市场开发力度,为就业指导工作提供精准市场保障*

校内外合作,大力开发就业市场,满足高校人才的就业需求。“内合外联”的核心理念是“竞合”,即兄弟院校毕业生之间的边缘性竞争,在学校的层次、水平、特色和学生质量的不同档次上,客观上形成人才梯次结构,对市场人力资源是有序、有利和有效的配置。在“竞合”状态下,参与竞争的高校毕业生会更为直观地感受到就业市场的压力,以此来推动高校人才培养质量提升。在“内合外联”架构下,高校的就业指导部门应重视以下三方面的工作:①要加大就业市场开发力度。通过校企合作、用人单位实地走访等多种方式,邀请更多数量的高质量单位来校招聘。②要提高市场开发精度。对学生就业需求进行动态的研究,紧跟经济社会发展形势来开发就业市场,开发契合学生新需求的就业市场。③要打造就业市场品牌。就业市场的开发要与市场营销挂钩,注重市场品牌打造,采用毕业生代言、媒体宣传等形式,彰显高校就业市场品牌,吸引用人单位。

3. *建立精干的高校就业工作队伍,为就业指导工作提供智力保障*

全面提升就业指导教师队伍的专业化建设,这是高校做好就业指导工作的基础保障。高校要通过多方努力建设一支专业的就业指导工作队伍,采取有效措施,切实提高就业指导工作队伍的整体素质。一方面,加强理论指导,更新就业指导部门的教育指导理念,规范就业指导理论;另一方面,为就业指导人员提供全方位的系统业务培训,帮助工作人员掌握学生就业心理以及就业咨询等相关知识,增强指导教师的服务意识和服务水平。

4. *构建多部门协调参与的总体工作布局,为就业指导工作提供机制保障*

在解决高校就业问题上,就业指导中心固然要发挥主体作用,但要实现精准就业，需要各个人才培养单位的共同参与。微观层面，高校就业指导工作应该贯彻落实“一把手”工程，逐渐形成高校领导亲自抓、就业指导部门重点抓、其他基层部门协助抓的工作格局；宏观层面，社会要健全就业指导工作运行机制，国家成立专业的就业指导机构，从战略层面为高校就业指导工作指明方向，最终形成多主体协调参与的总体工作布局，充分调动高校人才的就业积极性与主动性，为其提供有力的后援支持。

四、实施效果

通过构建分层次精准化就业指导体系，在学生就业指导方面取得了显著成效。首先，就业大数据的深度挖掘为学生提供了更为精确的就业信息，使学生能够更清晰地了解市场需求，明确自身定位。其次，就业市场的积极开发，特别是校企合作的加强，为学生提供了更多高质量的就业机会，有效提升了学生的就业率和就业质量。同时，专业化就业指导工作队伍的建立，提高了就业指导的质量和效率，帮助学生更好地规划职业生涯，增强了学生的职业竞争力。此外，多部门协调参与的工作机制，形成了全校上下共同关注和支持就业工作的良好氛围，为学生的顺利就业提供了有力保障。总体来看，精准化就业指导体系的构建，不仅促进了学生就业观念的转变，也为学生的全面发展和长远规划奠定了坚实基础。

五、经验启示

就业问题事关社会稳定发展大局，党的十九大报告明确指出要“实现更高质量和更充分就业”。在就业形势日趋严峻的今天，高校毕业生作为新增就业主体，事关我国就业工作的大局。党和国家十分重视毕业生的就业质量，并高度关注高校就业的指导工作，由此提出要“全面提升就业指导水平”，促进毕业生充分就业，提升就业质量。

（一）高校就业指导过程中存在的问题

1. 高校就业指导工作缺乏针对性

集体指导是目前我国大多数高校就业指导工作采用的工作方针，这种粗放型指导方式不够关注学生的需求，使得就业指导工作缺乏针对性，难以为不同专业的学生提供差异化的精准就业指导。同时，从具体的高校就业指导工作做法来看，就业指导的手段和方法大多停留在课堂层面，主要为开展就业政策及就业知识讲座、收集与发布就业信息等，就业指导的形式较为单一粗放，缺乏基于学生差异化需求的针对性指导。现如今，互联网高度发展，学生们拥有十分多元的就业信息及知识的获取途径，学生们真正缺乏的是将自身独特价值与就业细分市场进行挂钩的能力，故而自我认知探索、职业生涯发展与规划等个性化的就业指导对学生来说至关重要。因此，缺乏针对学生专业、个性特点的非有效就业指导工作，使得高校就业指导工作难以取得真正的实效。

2. 就业指导课程设置缺乏实用性

高校就业进行指导的根本目的在于提高大学生的就业竞争力，这就要求高校就业指导工作必须紧跟就业市场趋势，在“人本理念”的引领下，充分了解学生自身情况的基础上，引导学生将自身的专业能力积极与就业市场客观需求相匹配。然而，目前国内高校的就业指导课程大多将重点指导的重点放在理论课程上，就业指导课程的理论性内容偏多，实用性反而不强，造成了高校就业指导“学用分离”的局面。高校就业指导课程缺乏实用性的指导内容，学生只能从中被动接收“被告知”的理论，却难以获得紧跟形势、可操作的实用就业技巧，对现实的就业市场环境了解不够，导致学生难以适应真实的就业环境。

3. 就业指导体系不够健全

推动高校毕业生高质量就业，作为一项庞大的系统工程，需要构建一套完整的就业生态系统来支撑，这就要求高校的就业指导工作必须由内生力进行推动。然而，当前的高校就业指导体系缺乏系统性，具体表现在：一方面，学校层面对就业指导工作的重视程度不够，未能建立起资历合理、学历结构合理的专业指导队伍，高校专业的就业指导教师十分有限，业务素质够硬、专业水平够强的高校就业指导队伍较为缺乏；另一方面，高校就业作为全国就业工作的工作重点，理应多个部门联动协调，但目前高校的就业指导工作现状却是一揽子工作，即交由就业指导一个部门来抓，就业指导部门与其他部门的联动不够，未能形成层层抓落实的指导机制和全方位、全过程的就业指导体系，严重制约了高校就业服务质量的提升。就业指导体系的不健全，导致学生往往需要跑多个部门才能完成就业流程，学生的就业服务体验较差，本质上也是高校就业指导部门以生为本理念缺乏的一种表现。

（二）分层次精准化就业指导体系构建策略

高校就业指导工作应该改变传统以集体指导为主的粗放型就业指导，关注学生作为个体在就业方面的指导需求，尊重学生个体差异，切实从学生的需求角度出发开展精准化的就业指导工作，推动高校就业指导工作不断向精准化方向推进。

贯彻落实"人本理念"，坚持以学生为本的就业指导理念，在立足学生就业需求的基础上，建立贯穿大学教育全过程的分层次、精准化就业指导服务体系。按照"教育引导、区分层次、注重个性、提升能力、激励保障"的工作思路，从横纵两个层次着力推进精准化就业指导体系构建，纵横结合，有效联动，积极构建全方位、多层次、精细化、立体化的大学生就业指导新格局。

1. 横向层面，丰富就业指导形式，精准对接学生的就业需求

（1）立足市场需求，重构就业指导课程。大学生就业指导课作为高校通识教育的必修课，旨在引导学生尽可能全面地认识未来所要面对的工作岗位。高校就业指导课程的构建必须坚持以人为本，在立足学生就业需求的前提下，精准匹配就业市场人才需求，不断增强学生就业与市场人才需求的贴合度，保障学生职业发展。立足行业发展，根据学生的学科与专业，从就业的角度深入地探究学生所处专业的发展现状、趋势等，引导学生建立初步的就业岗位筛选意识；收集不同学科专业对应就业领域的相关的就业与创业政策，引导学生发掘相关就业岗位，更为清晰合理地规划自身职业生涯发展；设置一些求职技巧课程，结合用人单位需求，针对性地开展学生就业技能培训，比如可以围绕面试技巧开设专门的指导课程、为学生提供简历指导等，为学生顺利地走向心仪的应聘岗位铺平道路；开展企业合作教学模式，企业一线工作人员发挥教学辅助作用，在必备求职技能、职业生涯规划及自身角色转变等方面为学生提供更有时效性的指导。通过这些课程内容，切实提高学生自身的核心竞争力，为学生走向理想的职业发展道路打下坚实的基础。

（2）坚持以人为本，改变就业指导策略。目前，高校就业指导大多以集体指导为主，这种缺乏针对性的粗放型指导，无法满足学生的差异化需求。高校应坚持以人为本，引领就业指导策略重构，从集体指导向差异性指导转变，将个体差异化原则作为大学生就业指导的首要原则。只有对学生个体的职业意向有明确的了解，才能精准把握学生们在就业指导方面的需求，从而有针对性地提供精细化就业指导。高校可以设立“就业咨询室”，由获得职业指导师专业认证的老师定期为广大学生提供“一对一”的就业咨询。重点解决学生个体在职业规划、创业就业、职场适应等方面的困惑，帮助学生了解自我、合理定位，将自身独特价值与细分的市场挂钩，实现就业指导的精细化，尽最大可能保障学生满意就业。

（3）注重价值引领，举办就业指导活动。通过载体活动突显引领倾向，举办丰富的就业指导活动，服务于人才培养质量的提升，在激发学生兴趣的基础上，全方位提高学生求职竞争力。举办就业指导服务月、大学生职业规划大赛、模拟招聘会等多种形式的载体活动，给学生提供提升自我、规划自我、展示自我的机会，全面提升大学生就业能力和竞争力；开办“创业就业讲坛”，定期邀请一些成功的创业者、风险投资机构、创业孵化器负责人等行业内专业资深人士针对同学们关心的创业就业问题作专题报告，传播大学生创业就业资讯，提升大学生创业就业能力；邀请行业领军人物联合培养，帮助学生充分认识自我，深入挖掘自我存在价值，引导其成为对行业、对社会有价值的人。

（4）保障信息传递顺畅，搭建就业指导平台。学生与单位之间信息不对称是导致毕业生就业困难、就业质量不佳的重要原因之一，建立通畅的就业信息传递机制，是实现高质量就业的关键。以学生为本在高校就业指导工作的另一重要表现为提升就业指导服务质量，高校就业指导部门应树立服务意识，以学生为中心，为学生提供更高效、更高质量的就业服务。为此，高校要充分发挥就业指导平台的作用，保障就业信息传递通畅，为高校毕业生提供充足有效的需求信息，缓解学生在就业市场上的信息弱势地位。具体做法表现为深化“一网一系统两平台”建设，“一网”即就业信息网，开辟毕业生和用人单位服务通道，定期改版升级，规范办事流程，提高信息发布效率，提供更精细化、人性化的服务项目；“一系统”即毕业生信息管理系统，为学生提供网上签约服务，保证派遣工作的严肃性与就业信息的准确性，同时开展“毕业生就业能力普测”，真实掌握学校毕业生求职现状，为就业工作开展提供决策依据；“两平台”即微博、微信等新媒体，积极开拓新思路，开通官方微信和微博，充分利用微博、微信等新媒体，加强就业信息化服务，及时传递生涯规划、就业指导和招聘信息及时传递，搭建“快速干道”。

2. 纵向层面，拉长就业指导周期，实现入校至离校的全过程就业指导

在高校就业指导工作的开展过程中，落实以人为本的最大优势体现在工作的精准性与针对性极高。高校就业指导的精准化不仅表现在横向上丰富的就业指导形式，还表现为纵向上准确挖掘不同阶段学生的特点，注重对学生的全方位观察，对学生的动态变化及时反馈应对，以此来保障高校就业指导工作开展方向的准确性。

（1）针对大一的学生，侧重兴趣、特长、技能、价值观的自我探索，引导学生树立正确的择业观，对职业方向进行初步定位。

（2）针对大二的学生，重点加强系统思维能力和实践动手能力的培养，教育引导学生提升自己的综合素质，帮助学生树立客观正确的就业目标。

（3）针对大三的学生，加强创新创业能力和组织协调等综合能力的培养，宣传国家和学校的相关就业政策、方针，打造自己的职业竞争力。

（4）针对大四的学生，为学生提供一整套就业技巧方案，给学生传授自荐艺术、求职面试方法与技巧、职业素质与职业礼仪等，全方位提升职业素质，助力学生尽快落实自己的工作。

（5）针对硕士研究生阶段的学生，引导学生培养科学精神，培养竞争意识与市场意识，积极引导学生树立把个人命运和祖国繁荣、民族富强紧密结合起来的正确的成才观、就业观。

（6）针对博士研究生阶段的学生，学生有较强烈的成就感和自我意识，能够独立地开展相关研究工作，该阶段就业指导主要是价值观教育，引导博士生实现个人价值与社会价值的统一。

第四节 女大学生毕业前的迷茫

一、案例简述

2022 年，还有两个月左右，一年一度的毕业季节又要来了，只是这次来得让人有点难以接受，尤其是针对这一届的毕业生，根据教育部统计，2022 届高校毕业生预计 1076 万人，同比增加 167 万人，规模和增幅均创新高。虽然每逢春招都会出现“最难就业季”的感叹，2022 年的就业形势似乎格外严峻。临毕业，女大学生小贺找到辅导员哭诉，说自己情绪非常低落。原来，小贺参加了多个面试，状态不是很好，感觉到就业没有希望，加上最近找工作找得心累，觉得就业前景非常渺茫。

二、解决思路

1. 定位岗位，摆脱求职迷茫

帮助学生找到自己的职业目标是解决求职迷茫的关键。毕业生在找工作之前，要先搞清楚自己的兴趣，明确自己究竟想要做什么，喜欢做什么，能做什么，然后向自己的方向寻找目标，决定自己适合做什么，然后向这个目标努力，找到适合自己的好工作。

2. 帮助学生分析优劣势

帮助学生通过认真分析，从多个维度，如工作实践、工作技能、专业水平、胜任工作能力等方面，找出自己的优缺点。帮助学生通过比较行业、岗位和应聘岗位要求的要素，进一步明确求职目标和方向。

3. 鼓励实践，坚持不懈

找工作的过程不是一蹴而就的。要教育和引导学生勇于面对失败。让学生充分相信:只要目标确定,方向是正确的,就可以在求职面试过程中逐渐了解自己的职场定位和现状,继续下去最终会遇到给予机会的面试官。

4. 不断充电,正确看待就业

学习是不断成长、突破困境的重要抓手。教育和鼓励学生认真学习职业规划相关的课程,学习互联网思维和技能。帮助学生开阔视野,补充知识,从思想、观念意识上改变认知,正确看待现在的就业。

5. 总结经验,略有小成

引导学生在一次次的面试求职和职业生涯的计划中,总结经验教训,不断成长进步,从职场小白到职场精英,制订职场计划和发展目标,付诸行动,达到终极目标。

三、实施方法

1. 谈心谈话,疏导情绪

情绪具有组织功能,具备积极情绪,既有利于健康,又有利于寻找途径和对策积极面对困难,避免一蹶不振、懈怠消极。面对就业求职困难,小贺显然心理出现失衡状态,情绪低落,几近崩溃,辅导员通过谈心谈话,鼓励小贺积极倾诉,详细了解小贺的困惑,帮助小贺疏导情绪。

2. 专业评测,发现兴趣

小贺对自身了解不足,不能确定自己的优势和劣势,即将毕业,却还没有搞清楚自己究竟喜欢什么。辅导员基于霍兰德理论,利用专业软件,帮助小贺进行职业兴趣测评。通过测评,小贺更加深入地了解了自己的兴趣爱好,明确了今后的发展方向和发展目标。

3. 不畏失败,鼓励就业

就业的途径多种多样,毕业生可以考研、考编,还可以到企业、到基层去锻炼和实现自我。我国企业人才需求缺口较大,尤其私企,辅导员鼓励小贺先就业再择业。将就业目标从国企等中大型企业拓展到私企,勇于锻炼,积累经验,再寻求更好的就业机会。而且,在考研和考编不是很顺利的时候,可以鼓励学生积极到基层、到西部去就业。近几年来,国家重视西部大开发，西部发展非常迅速，西部对人才的需求更加强烈，辅导员鼓励小贺，通过参加西部计划去锻炼自我，去拓展自己的视野，积极寻找就业机会。

四、实施效果

(1)重拾信心。通过辅导员的教育和引导，小贺重新认识了自己，认识到自身具备一定的优势，对就业和未来充满了信心。

(2)积极就业。小贺详细了解了西部计划志愿服务的政策，更加坚定了自己的选择。西部发展空间广阔，她选择参加西部计划志愿服务活动，到西部去看看，到基层去锻炼，根据发展情况做出下一步的就业规划。

五、经验启示

随着女性受教育群体规模持续扩大，女大学生在高校毕业生整体人数中的占比也在提高。研究显示，相比男大学生，女大学生在毕业前更容易出现焦虑、自卑、敏感、抑郁、睡眠困扰、就业压力等问题。

(一)女大学生就业期间心理问题分析

研究表明，女大学生的心理适应性，即适应周围环境的能力，处理好复杂、重大或危急的特殊情况的能力，整体来说，处于较弱水平，容易受到外力影响，原因分析如下。

1. 自我评价两重性

受舆论导向影响，女性对个人的境遇、发展、前途会有较高预期，容易陷入幻想情绪，同时面对现实，会对自己的才智和工作能力评估过低，自我评价经常表现出过谦甚至是自卑心理。女生倾向于将大部分精力投入专业学习中，抵触甚至拒绝参加线下社交和社会实践，对社会形势了解碎片化和浅表化，出现自我认知偏差。就业期间的择业观趋于理想化，执着于薪酬福利、社会地位、安逸稳定、专业对口等因素，忽略自身优势和自我价值的实现。在校期间女生在专业成绩、工作能力等方面较男生更突出，在遇到挫折瓶颈时，又容易产生求职失落感，从而导致消极的人生观，出现“优于常人”和“差于常人”的两重性自我评价状态。

2. 解决问题依赖性

虽然在现代社会中女性地位有着显著提高,但男女平权思想仍未完全普及,在原则和实践、法律规定和现实生活之间也有很大距离。在校期间,女大学生容易出现“等、靠、要”等依赖型性格特点,将自己的需求附属于所依赖的人。在就业中,女大学生对打破就业性别歧视,获得平等就业权利心存期待,同时也受到“女子无才便是德”“干得好不如嫁得好”等传统思想影响,将自己定位为弱势群体,女生求职中多表现出被动消极心理,习惯于依赖父母、朋友、老师等外部助力,缺乏自我推荐、自我选择的意识,还会依赖于工作性质、社会地位、父母要求等,将自己的未来发展归结于命运等不客观因素,而选择怨天尤人,退缩逃避。

3. 心理状态不定性

现代社会中女性受教育程度不断提高,特别是硕士、博士等高学历人群中,女性人数比重逐年增加,但学历层次和社会适应能力却呈现反比趋势,学历越高的女性在面对挫折时,越容易暴露出内心脆弱的一面,产生焦虑烦躁的情绪。来自普通家庭的女大学生往往承受着改变家庭命运,承担家庭重任的压力,在就业中,目光容易受限于福利待遇、方便照顾家庭、如何帮扶亲友等,多重压力容易造成心理失衡。家庭优越的女生,成长过程比较顺利,在求职中更容易出现缺乏独立判断思维,无法调适自己情绪的情况。女大学生在求职活动中容易出现焦虑过度、紧张烦闷、神情低落、反应迟钝等心理状况,严重者还会出现精神恍惚、自卑抑郁、悲观厌世,甚至影响生理健康,由此陷入“情绪低落—求职失败—情绪低落”的恶性循环中,有时还会出现逆反心理、偏执心理。

4. 社会舆论压迫性

随着社会的进步、经济的发展,女性的地位逐渐提高,越来越多的女性走入职场,身居要位。但是男权主宰社会和家庭的历史时间长,“重男轻女”“男主外女主内”等传统观念仍然根植于社会普遍价值观中,没有得到彻底根除。在求职过程中,招聘信息中潜规则式的性别歧视条款决定了同等条件下,女大学生不具备与男性同等的竞争力。对成功女性的社会评价也往往双标严重,单身的成功女性,则攻击其家庭失败,或认为其采取了不道德的手段，走了捷径；强势的女领导，则攻击其性格缺陷，认为其人格不完整；采访成功女性，往往忽略荣誉成绩，只关注如何兼顾工作和家庭。媒体报道中也呼吁女性关注家庭，回归家庭。社会舆论传播的价值观，在女大学生的成长过程、求职过程中，起到了压迫性的导向作用。

（二）解决措施

1. 提高心理适应性

随着新媒体时代的到来，大数据分析大范围应用，信息舆论层出不穷，增加了社会的复杂程度，加快了事件的变化频率。在对女大学生的教育培养中，应进一步加大心理健康教育的比重，将课堂教育与心理访谈相结合，从入学到毕业，通过建档对学生的思想动态进行持续的跟踪，开展过程教育，帮助学生运用正确的方法进行客观的自我评价、正确的自我认知，提升心理资本，增强就业竞争力。

2. 明确定位与目标

面对就业难的现状，女大学生首先要接受现实，做到正确认知，以积极健康的态度去面对。大学期间通过职业生涯规划指导，帮助女大学生分析当今社会形势、国家发展趋势、行业发展状况，了解就业市场，科学合理地选择职业路径，准确定位职业方向，谋求职业发展。女大学生要辩证地分析自己，借助霍兰德职业倾向测验量表等，明确自身气质类型，准确评价个人特点和强项，评估个人目标和现状的差距，重新认识自身价值，提升个人实力，增强职业竞争力。运用“人职匹配理论”，寻找自己独特的能力模式和人格特质，进而精准定位到相关联的社会职业。以既有的成就为基础，确立人生的方向，提供奋斗的策略。最终确定适合自己、有实现可能的职业发展目标。

3. 社会实践中提高素质

大学生社会实践活动是引导学生走出校门、接触社会、了解国情，使理论与实践相结合的良好形式；是提高思想觉悟、增强大学生服务社会意识，促进大学生健康成长的有效途径。在校期间，针对女大学生特点，结合专业特色，增设第二课堂课时，组织开展专业相关活动，有效辅助第一课堂教学，鼓励学生勤于思考，勇于实践，将第一课堂的知识运用到实践中，并通过第二课堂将知识内化为能力，锻炼意志品质，提高自身素质，纠正容易偏执的人际交往，拓展交际范围，帮助女大学生在实践的过程中，突破专业限制，提升自身价值，在社会中精准定位。同时注重开展心理健康知识学习，组织心理健康相关活动，掌握自我调适方法，有效消除就业心理障碍，最终实现成功就业、优质就业。

4. 家校合作创建良好氛围

女性进行心理调适的时候，多采用自我合理宣泄、自我情志转移、自我解脱等方式，适当的外部因素介入，有时会出现“1+1>2”的情况。女大学生在就业中遭遇挫折，产生心理障碍，受限于年纪轻和经历浅，更加需要外力辅助进行心理调适。建立“学校—家庭—社会”有机教育联动机制，学校方面，构建和谐的校园文化氛围，关注学生成长，做好规划设计；家庭方面，密切配合学校，改进固有传统的教育方法，做好身教；社会方面，要高度重视，树立优秀典型，注重舆论导向，规范就业政策，建立公平公正的竞争机制。三方有效联动，辅助女大学生调适心理状态，缓解压力。

第五节　女大学生精准就业的帮扶与指导

一、案例简述

就业是最大的民生，一直以来受到国家和社会的高度关注。2022 年我国高校毕业生人数首次突破 1000 万，达到了 1076 万，比上年增长 167 万人，规模和数量史无前例，同时，由于疫情影响，我国就业形势十分严峻。随着近几年高校的不断扩招，教育门槛降低，高校毕业生中女生占比逐年提升，接受高等教育的女性比例已经在接受高等教育人群中占据超过一半的比例，但女大学生就业仍被认为难于男大学生，想要在有限的工作机会当中找到一个好的工作是一个有难度的事情。而且，相比男性员工来说，企业招聘女员工意味着要承担更多的风险，包括女员工生育休假的岗位空缺风险、用工成本增加及单位效率降低风险，在企业招聘中，“要男不要女”“男性优先”的现象普遍存在。就业的供需矛盾突出使得大学生就业难，女大学生就业更难。女大学生的就业问题不仅仅关乎着自身未来的发展，更关系着社会的稳定发展，如何合理地解决这一困境，成为当下研究的重点。

二、解决思路

解决女大学生就业难的问题，一方面需要全社会转变传统观念，更新思想，充分认识到求职中男性女性都可以胜任工作，工作中男性女性公平竞争，家庭中男性女性共同承担家务；另一方面，政府相关部门要出台政策，切实保障女性权益，如适当补贴女性职工在生育及哺乳期的社会保险缴纳，对女职工孕产期的临时替工提供工资补贴来减轻企业的用工成本，对雇用女大学生超过一定比例的企业减免相关税费等。政府还应该加大执法监督力度，建立系统的监督机构，对拒绝招聘女大学生、针对性别差异同工不同薪等违法企业及时采取惩处措施，加大企业的违法成本。

最重要的一方面，高校应该充分做好女大学生的就业指导，做好精准化、精细化服务，着力提升女大学生的就业能力。①要建设专业化的就业指导队伍，跨专业、跨部门、兼专结合；②要创新就业指导内容，就业指导不单单是讲解就业政策、面试技巧，同时也应包括就业观念引导、人际关系处理方面的培训；③就业指导的针对群体不应仅仅是毕业生，需要贯穿在高校培养教育中，对于不同年级、不同专业进行不同的就业指导计划。

三、实施方法

1. 配齐配强就业指导队伍

就业指导的教师队伍在女大学生就业指导中起着重要作用。要安排有经验的、有责任的、有精力的辅导员担任就业指导教师。要安排有较深理论素养的教师担任职业生涯规划课程、就业指导课程和创业指导课程的任课教师。此外，要加强对师资队伍的培训，要定期举行线上线下培训课程、专题讲座、学术报告等，通过培训，帮助就业指导教师队伍学习最新的就业相关政策，了解就业创业资讯，掌握就业创业等指导知识和技巧，在就业指导过程中和课堂教授过程中，能够做到游刃有余。

2. 引导女大学生树立正确的就业观

（1）帮助女大学生建立自信，树立正确的成才观。充分利用榜样的引领作用，邀请杰出女企业家、优秀女性学科专家等，开展系统讲座和课程，鼓励女大学生以杰出的女性为榜样，激发责任意识和生涯意识，建立成才和就业的信心；发挥朋辈示范引领作用，在学生中选树一批优秀女大学生，开展沙龙、座谈、团体辅导等活动，用学生身边熟悉的人，让学生身边熟悉的故事，给女大学生就业和成长以启迪，帮助女大学生树立正确的成才观。

（2）引导和鼓励女大学生到基层就业。党的十八大以来，习近平总书记在多个场合勉励青年大学生到基层去、到西部去、到祖国最需要的地方去，让青春在祖国和人民最需要的地方绽放绚丽之花。这为新时代高校毕业生建功立业指明了方向。基层，正成为新时代高校毕业生放飞青春、追逐梦想的大好天地。高校毕业生基层就业是实现“两个一百年”奋斗目标和伟大复兴中国梦的必然要求，是新时代缓解大学生就业结构性矛盾、实现更高质量和更充分就业的必然出路，是新时代青年认识社会、成长成才的重要路径。高校毕业生基层就业涉及乡村教育、医疗卫生、社会治理等重要民生领域，为大学生提供了走进生活、锻炼本领、服务人民、奉献社会的重要舞台。高校要推出西部计划优惠政策，引导女大学生将基层就业、西部就业作为重要的就业途径；要开展形式多样的西部计划志愿服务宣讲活动，邀请优秀的女性西部志愿者们现身说法，让更多的女大学生了解西部，走进西部，扎根西部；要组织西部志愿者招募活动，选拔优秀的女大学生到西部实践锻炼，实现就业。

3. 开展女大学生分层次、分类别就业指导

要将职业生涯规划和就业指导的端口前移，自学生入学起，遵循四年不同阶段的特点，帮助女大学生持续开展自我教育、自我完善。针对大一女生，通过职业生涯规划课程、新生就业指导课程帮助女大学生开展兴趣、特长、技能、价值观的自我探索；通过开展辩论赛、报告、论坛和系列讲座，帮助

女大学生树立正确的择业观，对职业方向进行初步定位；针对大二女生，鼓励大学生参加创新实践活动，开展系统思维能力和实践动手能力的培养，教育引导女大学生提升自己的综合素质，帮助女大学生确定就业目标；针对大三女生，积极向她们宣传国家和学校的相关就业政策、方针，帮助女大学生提升四大求职就业素养，打造自己的职业竞争力；针对大四女生，提供一整套就业技巧方案体系，全方位提升职业素质，助力学生尽快落实自己的工作。根据女大学生的就业意向，开展精准化服务和指导。通过调研，摸清女大学生的不同就业意向，去向主要包括考研、考公、考编、参加西部计划、参加“三支一扶”、参军、到企业就业等，根据学生的就业去向，建立相应的就业线上指导群，结合不同的需求发布和推送相关政策和信息，围绕需求开展不同内容的讲座和指导，如针对考研的女大学生，提供高等数学等考研科目的指导和讲授，考研结果公布后为女大学生提供考研复试讲座和调剂的注意事项讲座；针对考公的，邀请有基层经验的教师、学生开展培训和讲座，帮助学生准备考公的笔试和面试；针对企业就业的学生，及时发布招聘信息，组织参加招聘会，积极帮助学生申请企业实习见习机会等。通过分层次、分类别指导提升女大学生的就业成功率。

4. 培养女大学生的就业基本素养

(1)培养女大学生的工作素养。基本工作素养是实现顺利、充分就业的首要标准。一般企业认为学生应具备的工作素养既包括阅读、写作、计算、倾听表达等基础能力，也包括人际交往、组织管理、协调沟通、统筹规划、外语和计算机运用及操作等素养。而优秀的职业精神、意识和道德再加上基本的工作素养等构成了大学生成功就业的基本素质，这是用人单位要求大学生必须具备的。大学毕业生的基本工作素养被用人单位越来越看重，因为它是就业后个人、单位的发展有活力的根本所在。通过组织女大学生在学生组织、学生社团等组织进行历练，鼓励女大学生参加相关第二课堂活动等，培养女大学生基本工作素养。

(2)鼓励女大学生提升专业素养。专业知识素养是运用基本理论和方法解决实践活动中所遇到的问题的素养。这种素养是大学生通过在学校经过系统的专业课程讲授、培训和考核而形成的。构成大学生就业素养根本要素的专业知识素养对求职者尤为重要。这就要求高校要致力于形成浓厚的学习氛围,鼓励女大学生沉住气、静下心来专心深造,从入学起就合理规划好时间,完成每学期的学习任务,提升自身专业知识素养,增强求职就业过程中的底气和实力。

(3)打造女大学生的心理调试素养。女大学生心理调适素养主要是指在求职过程中大学生面临各种挫折和压力时,产生对自身发展不利的心理状态的情况下能够及时迅速地做出反应、做好自身的自我调整及恢复的能力。一般在步入社会前大学生遇到的困难较少,走上求职之路时,他们会慢慢地意识到社会及人际关系的复杂性,面临的困难和挫折也会随之而来,如果不能妥善处理,就会给自身带来消极情绪,此时具备良好的心理调适能力就变得尤为重要,通过心理调适能力的不断调整和恢复,消除不良情绪。高校要积极开设心理健康教育课程、打造精品心理健康教育活动、开设心理咨询室等,并且针对女大学生就业开展心理调适指导等课程,帮助女大学生增强心理素质,从而能够积极应对求职之路的种种变化,让自己立于不败之地。

(4)提升女大学生的创新及创业素养。大学生创新素养实质是各种智力因素和能力品质在新的层面上融为一体、互相制约、有机结合所形成的合力,它是一项综合素养。一般创业素养从广义上讲是指创立基业,开拓事业,拓展业绩,创建新企业、新行业、新岗位的素养。以前人创造的成就和业绩为基础,做出新的成果和贡献,过程是困难与艰辛,充分体现其开拓性与创新性。而当今时代是一个创业的时代,社会为大学生创业提供了良好的经济环境,同时也为大学生创业提供了良好的教育条件,新兴职业的不断涌现为大学生创业提供了广阔天地。高校要通过组织开展高水平赛事宣讲、训练营、选拔赛、科创之星论坛等活动,鼓励女大学生积极参与创新创业实践活动,提升创新创业素养。

四、实施效果

实施女大学生分层次、分类别的就业指导措施后，取得了显著的效果。首先，女大学生在就业过程中展现出了更高的自信和主动性。通过邀请杰出女企业家和优秀女性学科专家举办讲座和课程，女大学生们受到了极大的鼓舞，她们开始以这些成功女性为榜样，积极规划自己的职业生涯，树立了正确的成才观和就业观。同时，朋辈示范引领的作用也不容忽视，身边熟悉的女同学成功案例，进一步增强了她们对未来职业发展的信心。其次，女大学生对于基层就业的认可度和参与度明显提升。通过高校推出的西部计划优惠政策以及形式多样的志愿服务宣讲活动，女大学生们对基层就业有了更深入的了解和认识。她们开始认识到基层就业是实现个人价值和社会价值的重要途径，也是服务人民、奉献社会的重要舞台。越来越多的女大学生选择到基层去、到西部去，用自己的青春和才华为祖国的发展贡献力量。最后，分层次、分类别的就业指导措施有效提升了女大学生的就业能力。通过针对不同年级、不同专业的女大学生制订不同的就业指导计划，女大学生们能够更加系统地学习就业政策、面试技巧、人际关系处理等方面的知识，提高了她们的就业竞争力。同时，专业化的就业指导教师队伍也确保了女大学生们能够接收到专业、精准、有效的就业指导和服务。

五、经验启示

1. 女大学生陷入就业困境的原因

（1）传统观念与社会偏见的影响。长期以来，“男主外、女主内”的传统思想依然制约着大部分劳动者的求职选择，人们普遍认为，男性更有机会胜任管理者的职位，理应在外努力工作，而女性最好全身心照顾家庭，应该更多地承担起日常照顾家庭的责任。即使近年来，政府大力鼓励支持妇女就业，大部分女性只是变得更加忙碌，工作、家庭兼顾使其疲惫不堪。在传统观念和社会偏见的影响下，形成了一种认知，认为女性的创造力和进取心不如男性,这不仅使得企业用工选择上更多偏向于男性,也直接影响着女大学生自身的性别意识及对专业和工作岗位的选择,女大学生更偏向于选择人文社科类专业,岗位竞争更加激烈,造成就业难的困境。

(2)政策法规实施及监督不力。我国先后出台二十多部相关法律法规来保障妇女平等就业的权利,包括《中华人民共和国妇女权益保障法》《中华人民共和国就业促进法》《女职工劳动保护特别规定》等,同时也及时地根据形势的变化发布相关政策文件,进一步消除妇女就业的歧视。2019 年《关于进一步规范招聘行为促进妇女就业的通知》的发布,对妇女求职提出了更明确的保障,包括用工单位不得实施的 6 种就业性别歧视行为,包括不得拒绝录用妇女,不得询问妇女婚育情况等。尽管相关规定已经十分明确,但原则性的制度保障并没有落到实处,操作性的执行规范还不够,同时也缺乏全面有效的监督体系。在现行的监管下,企业违法成本较低,当拒绝录用女性的违法成本甚至低于录用女性带来的用工成本时,企业势必会将女性求职者拒之门外。

(3)高校就业指导工作不足。高校的就业指导工作是帮助大学生迈好从学校走向社会的重要一步,高校在开展就业指导时,既要有针对性,也要系统化,目前许多高校的就业指导工作仅仅限于毕业季,指导的内容也相对简单,对大学生就业观念、职业判断的引导不足,同时也忽视了学生的异质性需求。不仅如此,高校对进入校园招聘的企业是否存在性别歧视缺乏监督审查。

(4)女大学生自身的因素。女大学生自身就业观念保守、维权意识淡薄,是造成就业难的原因之一。一方面,部分女毕业生一心想找离家近、待遇好且工作稳定的单位就业,但这部分单位本身就存在着极大的竞争,持有这种就业观念的女生只能不断地付出时间与搜寻成本。另一方面,在面对企业不公平的待遇时,女性的维权意识较弱,不能有力地拿起法律的武器保障自己的合法权益,这也使得部分企业即使知道是违法的也依然自行其道。

2. 开展女大学生就业指导需要注意的几点问题

(1)要注重文化引领,拓宽校园女生文化“辐射场”。女大学生教育问题有其社会、家庭、自身长期形成的多重因素,应该调动整合各方资源,形成有效的机制体制,构建更为精准的外驱力系统帮助女生冲破传统观念,创设自我认同的女性文化“辐射场”,我们道阻且长。

(2)激发内力,构建新型女大学生职业生涯规划教育体系。新型业态需要下,要改变重技能轻素养的传统职业生涯教育,积极构建“课程+信息+核心素养提升+行业实践”四位一体的职业服务落地体系,通过高质量的生涯教育唤醒自我认同和职业认知。

(3)关注心理,深化积极就业心理培育与服务支持。女大学生情绪敏感、心理韧性相对低,在职业指导过程中应侧重为女生提供情感和心理问题的帮扶。从危机应对的局面转变为早普及、早预防,构建积极心理品质的培育环境,做好女大学生就业心理的规律性研究和个体性指导,促进普育+精育并进。

(4)因势而动,创设新媒体模式下的精准就业指导新模式。要注重新媒体与女生就业指导服务融合,以网络优势打破就业教育指导的时间限度、空间限度和碎片信息影响,增强“云招聘”等新型就业方式和网络空间的是非识别能力。

参考文献

[1]秦春贺. 辅导员工作案例分析[M]. 北京:北京理工大学出版社,2017.

[2]车志远,张希坤,刘正,等. 新时代高校辅导员素质能力提升理论与实践[M]. 哈尔滨:黑龙江人民出版社,2019.

[3]耿亚军. 有效构建"六位一体"思政育人工作体系[EB/OL].(2020-06-17). https://www.cssn.cn/mkszy/mkszy-szjl/202207/t20220728_5432019.shtml.

[4]宇文利. 完善思政工作体系,服务立德树人[N]. 光明日报,2022-11-22(15).

[5]邱亚洪. 感恩教育融入高校资助育人工作的方法研究[J]. 学校党建与思想教育,2019(13):76-78.

[6]朱世民. 高校班主任助理刍议[J]. 继续教育研究,2008(4):87-89.

[7]邱其霖,张辉华. 高校新生班主任助理工作模式创新探索[J]. 创新创业理论研究与实践,2019,2(20):99-100.

[8]麦辉. 浅谈如何发展和培养大学生班干部[J]. 教育现代化,2017(34):138-139.

[9]姚林曼. 对宿舍矛盾引发心理问题的干预与分析:高校辅导员工作案例[J]. 工程技术研究,2021,6(18):158-160.

[10]莫少芬. 高校辅导员处理学生宿舍内部盗窃案件的工作案例[J]. 智库时代,2019(11):100,102.

[11]曾艳. 高校辅导员工作案例:对一起宿舍矛盾事件的处理与思考[J]. 科技风,2019(23):20,26.

[12]李夏妍. 论大学生心理创伤的辅导[J]. 教育探索,2012(8):128-130.

[13]王红梅.从一例适应障碍学生谈大学新生的适应教育:高校学生工作案例分析[J].现代商贸工业,2018(8):171-172.

[14]刘林艳.努力,让我变得更糟了:一例高校女生心理辅导个案分享[J].心理与健康,2022(10):34-35.

[15]蒋利平,刘宇文.大学生"慢就业"现象本质解析及对策[J].学校党建与思想教育,2020(4):64-66.

[16]袁璨.后疫情时代高校就业指导的困境与对策探析[J].中国大学生就业,2022(15):37-42.

[17]刘鲁峰,杨霞.新冠疫情背景下大学生就业观念转变与抉择研究[J].教育教学论坛,2021(8):181-184.

[18]詹奉珍,张博,李玉梅.基于"人本理念"的分层次精准化就业指导体系构建[J].中国大学生就业,2022(6):30-36.

[19]刘明慧,赵海涛.女大学生就业心理适应调适[J].中国大学生就业,2022(6):44-47.

[20]张文清.高校女大学生就业困境及对策研究[J].内蒙古科技与经济,2022(2):17-18.

[21]余慧菊.在广阔天地大有作为[N].光明日报,2022-10-03(02).

[22]骆郁廷,高裕.新时代青年学生思想引领有效性的提升[J].思想教育研究,2022(4):140-145.